AF300098

INITIATION PHILOSOPHIQUE

PAR ÉMILE FAGUET
DE L'ACADÉMIE FRANÇAISE

HACHETTE & CIE

FAGUET. Initiation philosophique.

COLLECTION DES INITIATIONS

INITIATION PHILOSOPHIQUE

PAR ÉMILE FAGUET
DE L'ACADÉMIE FRANÇAISE

LIBRAIRIE HACHETTE

79, Bd SAINT-GERMAIN, PARIS

1920

INI ATION.....

Ce volume est destiné, comme son titre l'indique, à tracer la voie au débutant, à satisfaire déjà et surtout à exciter les premières curiosités. Il donne une idée suffisante de la marche des faits et des idées. Il mène le lecteur, un peu rapidement, des origines les plus reculées aux derniers efforts de l'esprit humain.

Il peut être un répertoire commode auquel l'esprit se reportera pour voir en larges traits l'esprit général d'une époque, ce qui la rattache à celle qui la suit et à celle qui la précède. Il veut surtout être un cadre dans lequel s'inscriront commodément, au cours d'études ultérieures, de nouvelles notions plus détaillées et plus approfondies.

Il aura rempli son dessein s'il excite aux recherches et aux méditations et s'il y prépare d'une façon juste.

INITIATION PHILOSOPHIQUE

PREMIÈRE PARTIE
L'ANTIQUÌTÉ

CHAPITRE I
AVANT SOCRATE

LES PHILOSOPHES EXPLICATEURS DE L'ENSEMBLE DES CHOSES, DE LA CRÉATION ET DE LA CONSTITUTION DU MONDE

La philosophie consiste à chercher l'explication de l'ensemble des choses. Elle cherche donc quelles sont les premières *causes* de tout et aussi *comment* toutes les choses sont et enfin *pourquoi*, dans quel dessein, faites en vue de quoi les choses sont. C'est pourquoi, prenant *principe* dans tous les sens du mot, on l'a appelée la science des premiers principes.

On a philosophé de tout temps. Les religions, toutes les religions sont des philosophies. Ce sont même les plus complètes. Mais, en dehors des religions, les hommes ont cherché les causes et les principes de tout et essayé d'avoir

La philosophie

(1)

des idées générales. Ces recherches en dehors des dogmes religieux dans l'antiquité païenne, sont les seules dont nous nous occuperons ici.

L'École ionienne est la plus ancienne école philosophique connue. Elle remonte au viie siècle avant Jésus-Christ. Thalès de Milet, physicien et astronome, comme nous dirions de nos jours, croyait que la matière, c'est-à-dire ce de quoi toutes les choses et tous les êtres sont faits, est en perpétuelle transformation et que ces transformations sont produites par des êtres puissants attachés à chaque portion de la matière. Ces êtres puissants étaient des dieux. Tout, donc, était plein de dieux. Sa philosophie était une mythologie. Il pensait, du reste, que l'élément essentiel de la matière était l'eau et que c'était l'eau, sous l'influence des dieux, qui se transformait en terre, en air et en feu et que d'eau, de terre, d'air et de feu tout ce qui est dans la nature est composé.

Anaximandre de Milet, astronome lui aussi et géographe, croyait que le principe de toutes choses était l'*indéterminé*, une manière de chaos, où rien n'a de forme ni de figure, que du chaos sortent les choses et les êtres et qu'ils y retournent pour en sortir encore. Une de ses théories particulières était que les poissons étaient les plus anciens des animaux et que tous les animaux étaient sortis d'eux par transformations successives. Cette théorie a été remise en honneur, pour un temps, il y a environ un demi-siècle.

Héraclite d'Éphèse, très obscur du reste et cette épithète était restée attachée à son nom, voit toutes choses comme dans un écoulement perpétuel, dans un *devenir* indéfini. Les choses ne sont pas; elles deviennent et sont destinées à devenir éternellement. Derrière elles, cependant, il y a un maître éternel qui ne change pas. Lui ressembler, autant que nous pouvons et c'est-à-dire autant qu'un singe peut ressembler à un homme est tout notre devoir. Rester toujours calmes, c'est-à-dire aussi immobiles que des êtres changeants peuvent l'être. La légende populaire veut qu'Héraclite « pleurât toujours »; ce que nous savons de lui tend à établir seulement qu'il était grave et n'aimait pas les agités.

Anaxagore de Clazomène, surtout physicien, vint s'établir à Athènes, vers 470 avant Jésus-Christ, fut le maître et l'ami de Périclès, fut sur le point d'être mis à mort, comme Socrate le fut plus tard, pour crime d'indifférence à la religion des Athéniens et dut se réfugier à Lampsaque, où il mourut. Comme Anaximandre il croyait que tout sort d'un je ne sais quoi indéterminé et confus ; mais il ajoutait que ce qui faisait sortir les choses de cet état, c'était l'intelligence organisatrice, l'esprit, comme chez l'homme c'est l'intelligence qui tire les pensées du flottement cérébral et fait d'une idée confuse une idée claire. Anaxagore a eu une influence presque incomparable sur la philosophie grecque des temps classiques.

Empédocle d'Agrigente qui fut une sorte de magicien et de grand-prêtre et pour ainsi dire de dieu, dont la vie et la mort sont du reste mal connues, semble avoir été un cerveau très encyclopédique. La doctrine des quatre éléments est de lui, et c'est-à-dire que les philosophes qui l'avaient précédé donnaient pour principe unique

des choses, les uns l'eau, les autres l'air, les autres
le feu, les autres la terre et que lui les considéra
tous quatre comme, à titre égal, les éléments
premiers de tout. Il croyait que le monde est
mené par deux forces contraires : l'amour et la
discorde, ce qui veut éternellement unir et ce
qui veut éternellement séparer. A travers cette
lutte un mouvement d'organisation se fait, sans
cesse retardé par la discorde, sans cesse favorisé
par l'amour et de ce mouvement sont sortis
d'abord les végétaux, puis les animaux inférieurs,
puis les animaux supérieurs, puis les hommes.
Il y a dans Empédocle soit des souvenirs évidents
de la religion du Persan Zoroastre (opposition
perpétuelle des deux grands dieux, celui du bien
et celui du mal) soit une coïncidence curieuse
avec cette doctrine, qui se rerouvera plus tard
chez les Manichéens.

Pythagore

Pythagore paraît être né vers 500 avant Jésus-
Christ, dans l'île d'Élée, avoir beaucoup voyagé
et s'être fixé enfin dans la Grande Grèce (Italie
méridionale). Pythagore, comme Empédocle, fut
une espèce de mage ou de dieu. Sa doctrine fut
une religion, le respect dont il fut entouré un
culte, les habitudes qu'il imposa à sa famille et à
ses disciples des rites. Ce qu'il enseignait était
que les véritables réalités, ce qui ne change pas,
étaient les nombres. La réalité à la fois fondamentale et suprême est le *un*; l'être qui est un est
Dieu; de ce nombre qui est un dérivent tous les
autres nombres qui sont le fond même des êtres,
leur raison intime, leur essence ; nous sommes
des nombres plus ou moins parfaits; chaque
chose créée est un nombre plus ou moins par-

fait. Le monde, du reste, régi ainsi par des combinaisons de nombres a toujours existé et existera toujours. Il se développe, seulement, selon une série numérique dont nous n'avons pas la clef mais que nous pouvons soupçonner. Quant à la destinée humaine elle est celle-ci : nous avons été des êtres animés, hommes ou animaux ; selon que nous aurons bien ou mal vécu, nous revivrons dans les corps d'hommes supérieurs ou d'animaux plus ou moins inférieurs. C'est la doctrine de la *métempsychose*, qui a eu beaucoup de partisans chez les anciens, et même, d'une façon plus ou moins fantaisiste, chez les modernes.

On attribue à Pythagore un certain nombre de maximes en vers, que l'on a appelées les *Vers dorés*.

Xénophe de Colophon est, lui aussi, un *unitaire*. Il n'admet qu'un Dieu et paraît être de tous les philosophes anciens, le plus opposé à la mythologie, à la croyance en des dieux multiples et ressemblant à des hommes, doctrine qu'il méprise comme immorale. Il y a un Dieu éternel, immuable, immobile, qui n'a pas besoin de se transporter d'un lieu à un autre, qui est *sans lieu* et qui gouverne tout par sa seule pensée.

Poussant plus loin, Parménide se dit que, si celui-là seul existe réellement qui est un et qui est éternel et qui ne change pas, tout le reste, non seulement lui est inférieur mais n'est qu'*apparence* et que nous tous, terre, ciel, végétaux, animaux, hommes, nous ne sommes qu'une grande illusion, que fantômes, que mirage, qui disparaîtraient, qui n'existeraient plus et qui n'*auraient jamais existé* si nous pouvions apercevoir l'être en soi.

Xénophe
Parménide

(5)

Zénon d'Élée, qu'il faut nommer surtout parce qu'il a été le maître de ce Gorgias dont Socrate fut l'adversaire, était surtout un subtil dialecticien en qui le sophiste apparaît déjà et qui embarrassait les Athéniens par des arguments captieux, au fond desquels du reste apparaît toujours ce grand principe : sauf l'Être éternel tout n'est qu'apparence; sauf celui qui est tout, tout n'est rien.

Démocrite d'Abdère, disciple de Leucippe d'Abdère (de celui-ci on ne sait rien), est l'inventeur de la théorie des atomes. La matière est composée d'un nombre infini de petits corps indivisibles que l'on appellera les atomes; les atomes, de toute éternité ou depuis le commencement des choses, sont doués de certains mouvements par lesquels ils s'accrochent les uns aux autres et s'agglomèrent ou se décrochent et se séparent et de là la formation de toutes choses et la destruction, qui n'est que désagrégation, de toutes choses. Notre âme elle-même n'est qu'une agrégation d'atomes particulièrement ténus et subtils. Il est probable que quand un certain nombre de ces atomes quittent notre corps c'est le sommeil, que quand presque tous le quittent, c'est la mort apparente (léthargie, catalepsie), que quand ils nous quittent tous c'est la mort. Nous sommes en relations avec le monde extérieur par l'afflux en nous d'atomes extrêmement subtils, reflets des choses, apparences des choses, qui viennent se mêler aux atomes constitutifs de notre âme. Il n'y a rien, du reste, dans notre intelligence qui n'y ait été apporté par nos sens, et notre intelligence n'est que la combinaison des

atomes qui constituent notre âme avec les atomes
que les choses extérieures envoient, pour ainsi
parler, dans notre âme.

Nous retrouverons les doctrines de Démocrite
dans Épicure et dans Lucrèce.

CHAPITRE II

LES SOPHISTES

LOGICIENS ET PROFESSEURS DE LOGIQUE
ET D'ANALYSE DES IDÉES ET DE DISCUSSION

Doctrine
des sophistes

LES sophistes sont nés des Parménide et des Zénon d'Élée. Gorgias fut disciple de celui-ci. A force de penser que tout est apparence sauf l'Être suprême seul réel, on en vient très facilement à croire que tout est apparence et aussi cet être là ou du moins, ce qui ne laisse pas de revenir à peu près au même, que tout est apparence y compris l'idée que nous pouvons avoir de l'Être suprême. Ne croire rien et démontrer qu'il n'y a aucune raison de croire à quelque chose, c'est comme le point central de tous les sophistes. Alors, direz-vous, il n'y a qu'à se taire. Mais non, il y a à cultiver son esprit, seule chose de l'existence de quoi nous soyons sûrs, pour le rendre habile, adroit et fort. — Pourquoi ? — Pour être un penseur habile, ce qui en soi est une belle chose ; pour être aussi un homme considérable et écouté dans sa cité et arriver à la gouverner.

Aussi les sophistes donnent-ils surtout des leçons de psychologie, de dialectique et d'éloquence. Ils enseignent du reste la philosophie ; mais pour démontrer que toute philosophie est

(8)

fausse et que, comme dira Pascal plus tard, se moquer de la philosophie est vraiment philosopher. Ils semblent avoir été extrêmement intelligents, extrêmement instruits, très sérieux malgré leur scepticisme et avoir rendu à la Grèce ce très grand service de faire une analyse pénétrante, la première, de notre faculté de connaître et des limites réelles, possibles ou probables, de notre faculté de connaître.

Ils furent très nombreux, le goût de leur art, que l'on pourrait appeler la critique philosophique, s'étant extrêmement répandu en Attique. On peut croire, d'après Platon, qu'il y en eut de très médiocres et cela est naturel ; mais il y en eut qui furent évidemment de très grands maîtres. Les plus illustres furent Protagoras, Gorgias et Prodicos de Céos. Protagoras paraît avoir été le plus philosophe d'entre eux, Gorgias le plus orateur et le plus professeur de rhétorique, Prodicos le plus moraliste et le plus poète. Protagoras repoussait toute métaphysique, c'est-à-dire toute récherche sur les causes premières et sur l'ensemble des choses ; et réduisait toute la philosophie à la science de se gouverner en vue du bonheur et de gouverner les autres en vue du bonheur. Comme Anaxagore, il fut banni de la cité à titre d'impie et ses livres furent brûlés publiquement.

Gorgias semble avoir soutenu les mêmes idées avec plus de modération et surtout moins de profondeur. Il prétendait surtout à former un bon orateur. C'est lui, d'après Platon, que Socrate a le plus rigoureusement poursuivi de ses sarcasmes.

Prodicos, que Platon lui-même a eu en estime,

paraît avoir été le plus préoccupé du problème moral. Le fameux apologue est de lui qui représente Hercule ayant à choisir entre deux chemins dont l'un est celui de la vertu et l'autre celui du plaisir. Comme Socrate devait l'être plus tard, il fut en butte à la terrible accusation d'impiété et subit la peine capitale. Les sophistes sont la date la plus importante de l'histoire de la philosophie antique. Jusqu'à eux les systèmes philosophiques étaient de vastes poèmes sur l'ensemble de toutes les choses connues et inconnues. Les sophistes ont réagi contre ces généralisations ambitieuses et précipitées où l'imagination avait le plus de part et leur découverte a été de ramener la philosophie à son vrai point de départ en affirmant qu'au moins la première chose à faire, et avant tout autre, était de connaître notre esprit et le mécanisme de notre esprit. Leur tort a été peut-être, en disant que c'était la première chose à faire, de dire le plus souvent que c'était la seule ; reste encore qu'ils étaient tout à fait dans le vrai en assurant que c'était la première.

CHAPITRE III

SOCRATE

LA PHILOSOPHIE RAMENÉE TOUT ENTIÈRE A LA MORALE
ET LA MORALE CONSIDÉRÉE
COMME LE BUT DE TOUTE ACTIVITÉ INTELLECTUELLE

Nous ne savons rien de Socrate si ce n'est qu'il est né à Athènes, qu'il a beaucoup discuté dans les rues d'Athènes avec tout le monde et qu'il a souffert et qu'il est mort sous les Trente Tyrans. De ses idées nous ne savons rien parce qu'il n'a rien écrit et parce que ses disciples ont été beaucoup trop intelligents, par suite de quoi on ne peut toujours savoir si ce qu'ils ont dit comme ayant été pensé par lui, l'a été par lui ou par eux. Ce qui semble certain c'est que ni Aristophane ni les juges du procès de Socrate ne se sont complètement trompés en le prenant pour un sophiste; car il procède d'eux. Il procède d'eux par réaction, il est vrai, car évidemment leur septicisme universel l'a effrayé; mais il procède très bien d'eux directement aussi, car comme eux il se défie extrêmement des anciens vastes systèmes philosophiques et à ces hommes qui prétendaient tout savoir, il oppose son mot très probablement authentique : « Je sais que je ne sais rien »; car, comme les sophistes, il veut ramener la philosophie du ciel sur la terre, c'est-à-dire de la métaphysique à l'unique étude de l'homme; car, comme les sophistes, il restreint le champ et le délimite avec une sorte de modestie rigoureuse et impérieuse qui ne laisse pas d'être méprisante à l'égard des audacieux; car enfin, comme les sophistes, mais en ceci très analogue à bien des philosophes antérieurs aux sophistes, il n'a évidemment qu'un respect très modéré et très mêlé à l'égard de la religion de ses compatriotes.

D'après ce que nous savons de Socrate par Xénophon, le moins imaginatif sans doute de ses disciples, Socrate, comme les sophistes, réduisait la philosophie à l'étude de l'homme; mais sa grande et incomparable originalité consistait en ce que les sophistes voulaient que l'homme s'étudiât pour être heureux, tandis que Socrate voulait qu'il s'étudiât pour être moral, pour être honnête, pour être juste, sans se soucier du bonheur. Tout, pour Socrate, devait converger vers la morale et concourir à la morale et être subordonné à la morale comme à son but, comme à sa dernière fin. Il s'appliquait sans relâche, dit Xénophon, à examiner et déterminer ce que c'est que le bien et le mal, le juste et l'injuste, la sagesse et la folie, le courage et la lâcheté, etc. Il s'appliquait infiniment, dit Aristote, et en cela il était vrai professeur de rhétorique autant que bon professeur de morale, à bien définir, à bien préciser le sens des mots, pour qu'on ne se payât point de termes vagues qui sont des illusions de pensée et pour que l'on disciplinât rigoureusement son esprit de manière à en faire un preneur de vrai.

Il avait des procédés de dialectique ou d' « art de conférer », comme dit Montaigne, plus ou moins heureux, qu'il avait très probablement empruntés aux sophistes, qui contribuèrent à le faire passer pour l'un d'entre eux et qui eurent après lui et longtemps après lui une grande vogue. Il « accouchait les esprits », comme il disait, c'est-à-dire il croyait ou affectait de croire que les vérités sont à l'état latent dans tous les esprits et qu'il ne s'agissait, patiemment, habilement, par des investigations adroites, que de les en faire sortir. D'autre part, il *interrogeait* d'une manière captieuse, de manière à mettre l'interlocuteur en contradiction avec lui-même et à lui faire avouer qu'il avait dit ce qu'il n'avait pas cru dire, accordé ce qu'il n'avait pas cru accorder ; et il triomphait malicieusement de ces confusions. Bref, il semble avoir été un Franklin spirituel et taquin et avoir enseigné la vraie sagesse en se moquant de tout le monde. Les peuples n'aiment jamais qu'on se moque d'eux et nul doute que le souvenir de ces railleries n'ait été pour beaucoup dans le jugement inique qui le frappa et que, du reste, jusqu'au dernier moment, il semble avoir provoqué.

Sa manière

Son influence fut infinie. C'est à partir de lui que la morale devint comme l'objet même, le dernier et suprême objet de toute philosophie, devint la raison de la philosophie et, comme a dit Nietzsche, la Circé des philosophes, c'està-dire celle qui les enchante, qui leur dicte à l'avance ou qui modifie d'avance leurs systèmes en les effrayant sur ce que leurs systèmes pour-

Son influence

raient avoir d'irrévérencieux à son égard ou de dangereux par rapport à elle. De Socrate à Kant et au delà, la morale a été la Circé des philosophes et la morale est comme la fille spirituelle de Socrate. D'autre part, son influence a été terrible pour la religion antique en inclinant tous les esprits vers cette idée que la morale est le seul digne objet de la connaissance et que les religions antiques étant immorales ou d'une moralité très douteuse doivent être abandonnées et méprisées des honnêtes gens. Le christianisme a combattu le paganisme avec les arguments mêmes des disciples de Socrate, avec des arguments socratiques. Philosophies et religions modernes sont toutes pénétrées de socratisme. Quand nous avons dit que les sophistes sont la date la plus importante de l'histoire de la philosophie antique, c'était parce qu'ils ont enseigné à Socrate de chercher une philosophie qui fût tout humaine et préoccupée uniquement du bonheur de l'homme, et cela devait amener un grand esprit, et à la suite de très grands esprits encore à diriger toute la philosophie et même toute la science humaine vers la recherche du bien, le bien étant considéré comme la condition du bonheur.

CHAPITRE IV

PLATON

PLATON EST SURTOUT UN MORALISTE
COMME SOCRATE
MAIS IL REVIENT A DES CONSIDÉRATIONS GÉNÉRALES
SUR L'ENSEMBLE DES CHOSES
ET IL S'OCCUPE DE POLITIQUE ET DE LÉGISLATION

PLATON était un élève de Socrate, comme Xénophon, mais Xénophon n'a voulu être que le greffier de Socrate et Platon a été un disciple à la fois très enthousiaste, très fidèle et très infidèle de Socrate. Il a été disciple très fidèle de Socrate en ce qu'il n'a jamais cessé de mettre la morale au tout premier rang des considérations philosophiques; en cela il n'a pas varié. Il a été disciple infidèle de Socrate en ce que, imaginatif, poète et admirable poète, il a reporté la philosophie de la terre au ciel; il ne s'est pas interdit, et tout au contraire, d'échafauder de grands systèmes sur l'ensemble des choses et d'envelopper l'univers dans ses vastes et audacieuses conceptions. Il a établi invinciblément la morale, la science du bien, comme la fin dernière de toute connaissance, dans ses brillants et charmants *Dialogues socratiques;* il a fait de grands systèmes dans tous les ouvrages où il se donne comme parlant en son propre nom. Il était très savant, n'ignorant rien de tout ce qu'avaient écrit les philosophes antérieurs à Socrate, particulièrement Héraclite, Pythagore, Parménide, Anaxagore. Il repensait tout cela et il pensait par lui-même avec une force et une richesse d'esprit dont il semble bien qu'il n'y ait pas eu d'autre exemple au monde.

Les « Idées » Cherchant, à son tour, quelles sont les causes premières de tout et ce qu'il y a d'éternellement réel derrière les apparences de ce monde changeant, il croit en un seul Dieu, comme bien d'autres avant lui; mais dans le sein de ce Dieu, pour ainsi dire, il place, il croit voir des *Idées*, c'est-à-dire des types éternels de toutes les choses qui, en ce monde, sont changeantes, transitoires et périssables. On entend bien ce qu'il faisait par cette imagination toute nouvelle, si originale et si puissante. Il remplaçait l'olympe du peuple par un olympe spirituel, la mythologie matérielle par une mythologie idéaliste, le polythéisme par un polyidéisme, si je puis ainsi parler, les dieux par des types. Derrière tout phénomène, source, forêt, montagne, les Grecs voient un Dieu, un être matériel, semblable à eux, plus puissant qu'eux. Derrière tout phénomène, toute pensée, aussi, tout sentiment, toute institution, derrière *quoi que ce soit*, Platon voit une idée, immortelle, éternelle, indestructible, incorruptible qui vit dans le sein de l'Éternel, dont tout ce qui est sous nos yeux n'est que le reflet vacillant et trouble, et qui soutient, anime, conserve pour un temps tout ce qui est sous nos yeux. Or avoir quelque connaissance de ces *Idées* c'est toute la philosophie. Comment peut-on en avoir quelque connaissance? En s'élevant du particulier au général, en distinguant dans chaque chose ce qui est son fond permanent, ce qu'elle a de moins changeant, de moins variable, de moins circonstanciel. Par exemple, un homme est un être bien complexe, il a mille sentiments divers, mille idées diverses, mille façons d'être et de vivre. Quel peut être son fond permanent? C'est sa conscience, qui elle, ne varie pas, ne se transforme pas, dit toujours obstinément la même chose ; le fond de l'homme, l'idée éternelle dont chaque homme est ici le reflet, c'est la conscience du bien ; l'homme est une incarnation ici-bas de cette partie de Dieu qui est le vouloir du bien ; selon que de ce vouloir il s'écarte ou se rapproche, il est moins homme ou plus homme.

Cette méthode, pour s'élever jusqu'aux idées, est ce que Platon appelle la dialectique, c'est-à-dire l'art de discerner. La dialectique discerne le fond du superficiel, le permanent du transitoire, l'indestructible du toujours détruit. Elle est la méthode philosophique par excellence qui contient toutes les autres ou à quoi toutes les autres se ramènent. Sur cette métaphysique et à l'aide de cette dialectique, Platon construisait une morale extrêmement pure qui était simplement (comme on a dit plus tard Imitation de Jésus-Christ) une *Imitation de Dieu.* Être aussi semblable à Dieu qu'il le pourra, c'est tout le devoir de l'homme. En Dieu résident les idées de vrai, de beau, de bien, de grand, de puissant, etc. Réaliser relativement ces idées que Dieu réalise absolument, c'est à quoi l'homme

La dialectique et la morale platonique

doit s'attacher. Dieu est le juste ou la justice est dans le sein de Dieu et c'est la même chose : l'homme ne peut pas être *le* juste ; mais il peut être *un* juste, et c'est tout dans un seul mot ; car la justice contient tout ou si l'on préfère est le caractère commun de tout ce qui vaut. La justice est le bien, la justice est belle, la justice est vraie, la justice est grande en ce qu'elle ramène tous les cas particuliers à une pensée générale, la justice est puissante étant la force qui maintient opposée à la force qui détruit, la justice est éternelle et invariable. Être un juste selon tous les sens de ce mot est le devoir de l'homme et est sa destination propre.

L'immortalité de l'âme

Pour ce qui est de l'immortalité de l'âme et des récompenses et peines d'outre-tombe, Platon est très réservé. Il n'y est ni opposé ni formellement favorable. On sent qu'il aime à y croire plus qu'il n'en est sûr. Il dit que « c'est une belle gageure à faire » et c'est-à-dire que, dût-on perdre, il vaut mieux croire à ce gain possible que n'y croire point. On peut du reste légitimement conclure et de certains passages des *Lois* et de la belle théorie de Platon sur la punition qui est une expiation et sur l'expiation qui est une médecine de l'âme et par conséquent un bien très désirable, que Platon, souvent, inclinait très fort vers la doctrine des peines et récompenses posthumes, laquelle suppose l'âme immortelle.

L'amour platonique

L'amour platonique dont on a tant parlé et dont par conséquent il faut dire un mot au moins pour le définir est une des applications de sa morale. Comme de toute chose l'idée de l'amour est en Dieu. Elle y est à l'état pur, sans mélange

d'idée de plaisir, puisque le plaisir est essentiellement passager et périssable. L'amour en Dieu
est simplement la contemplation passionnée de
la beauté (physique et morale); nous ressemble-
rons à Dieu si nous aimons la beauté précisément de cette façon et sans excitation ni trouble
des sens.

Une des originalités de Platon c'est qu'il s'est
occupé de la politique, c'est qu'il a fait de la
politique une partie de la philosophie, ce dont
on s'était peu avisé avant lui (je dis *peu* seulement, parce que Pythagore a été législateur) et
dont on devait toujours s'aviser après lui. Platon
est aristocrate, sans doute parce que sa pensée
générale est telle, indépendamment des circons-
tances, ensuite peut-être parce qu'il attribue les
grands malheurs, auxquels il assiste, de sa patrie
à la démocratie athénienne, ensuite peut-être
encore parce que la démocratie athénienne a été
violemment hostile et quelquefois cruelle aux
philosophes et tout particulièrement à son maître.
Pour Platon, de même que l'homme a trois
âmes ou, si l'on veut, trois centres d'activité qui
le gouvernent, l'intelligence dans la tête, le courage dans le cœur et l'appétit dans les entrailles,
de même la cité est composée de trois classes : les
sages et savants en haut, les guerriers au-dessous,
les artisans et esclaves, plus bas. Les sages gou-
verneront ; aussi bien les peuples ne seront heureux que quand les philosophes seront rois ou
quand les rois seront philosophes. Les guerriers
combattront pour défendre la cité, jamais pour
conquérir. Ils formeront une caste, pauvre, dure
à elle-même et redoutable. Ils n'auront aucune

propriété individuelle ; tout leur sera commun, habitations, meubles, armes, femmes même et enfants. Le peuple enfin vivant dans une stricte égalité, soit par partage égal des terres soit par terres cultivées en commun, sera maintenu rigoureusement dans la probité, l'honnêteté, la sévérité des mœurs, la sobriété et la soumission. Les arts, sauf la musique guerrière et les danses guerrières, seront éliminés de la cité. Elle n'a besoin ni de poètes, ni de peintres, ni de musiciens qui corrompent les mœurs en les amollissant et en faisant sentir à tous l'aiguillon secret de la volupté. Toutes les théories, d'une part aristocratiques, d'autre part tendant-plus ou moins au communisme dérivent de la politique de Platon, ou en procèdent ou y ressortissent.

Le maître de la philosophie idéaliste

Platon est pour tous les penseurs, même pour ses adversaires, le plus grand nom de la philosophie humaine. Il est le grand maître de la philosophie idéaliste, c'est-à-dire de toute la philosophie qui croit que les idées gouvernent le monde et qui croit que le monde est un acheminement vers une perfection qui est quelque part et qui lui donne des ordres et qui l'attire ; pour ceux-là même qui ne sont pas de sa famille d'esprits, Platon est le plus prodigieux des penseurs qui ont uni la sagacité psychologique, la vigueur dialectique, la puissance d'abstraction et l'imagination créatrice, chez lui merveilleuse.

CHAPITRE V

ARISTOTE

Aristote de Stagire fut un élève de Platon et il s'en est souvenu, comme font d'ordinaire les meilleurs élèves, pour le combattre. Il fut quelques années le précepteur d'Alexandre, fils de Philippe, celui qui devait devenir Alexandre le Grand. Il enseigna longtemps à Athènes. Après la mort d'Alexandre, en butte, à son tour, à l'éternelle accusation d'impiété, il fut forcé de se retirer à Chalcis où il mourut. Aristote est surtout un savant. Il voulut embrasser la totalité des connaissances de son temps, ce qui était encore chose possible à la grande rigueur et il y réussit. Ses ouvrages, infiniment nombreux, sont le compte rendu de son savoir. Ils sont la *somme* de toutes les sciences de son époque. Nous n'avons à nous occuper ici que de ses idées proprement philosophiques. Pour Aristote comme pour Platon, mais plus précisément, l'homme est composé d'une âme et d'un corps. Le corps est un composé d'organes, une mécanique bien faite ; l'âme en est le but final ; le corps pour ainsi dire aboutit à l'âme, mais à son tour l'âme agit sur le

Aristote élève de Platon

corps et est en lui non son but, mais son moyen d'action sur les choses et le tout forme une harmonie pleine et continue. Les facultés de l'âme sont ses divers aspects et ses diverses manières d'agir; car elle est une et indivisible. La raison c'est l'âme considérée comme pouvant concevoir ce qu'il y a de plus général et par conséquent elle est en nous quelque chose d'intermédiaire entre nous et Dieu. Dieu est unique; il est éternel, il a de toute éternité donné le mouvement à la matière. Il est purement spirituel; mais tout est matière sauf lui et il n'y a point, comme le voulait Platon, des *idées,* personnages immatériels vivants, résidant en son sein. On peut voir ici comme un progrès, en un certain sens, de Platon à Aristote, vers le monothéisme : l'olympe des idées dans Platon était encore un polythéisme, un polythéisme spirituel, mais encore un polythéisme; il n'y a plus de polythéisme du tout dans Aristote.

Sa morale et sa politique La morale d'Aristote tantôt se rapproche de celle de Platon, comme quand il pense que le souverain bonheur c'est le souverain bien et que le souverain bien est la contemplation de la pensée par la pensée, la pensée se suffisant à elle-même, ce qui est bien, à très peu près, l'imitation de Dieu que recommandait Platon ; tantôt est au contraire très pratique et presque médiocre, comme quand il la fait consister dans un milieu entre les extrêmes, dans une juste mesure, dans un certain tact, art plutôt que science et science pratique plutôt que conscience, qui saura faire distinguer quelles sont les pratiques convenables à l'honnête homme et homme bien né. Il est juste d'ajouter que dans le détail et quand il décrit l'honnête homme pour ainsi dire, c'est à des vertus, sinon sublimes du moins singulièrement élevées, tout compte fait, qu'il nous convie.

Sa politique, très confuse (le livre qui la contient ayant été, selon toute apparence, fait de pièces et de morceaux et de différentes parties de son cours après sa mort), est surtout une revue des diverses constitutions politiques qui existaient dans tout le monde grec. Les tendances, car il n'y a pas de conclusions, en sont très aristocratiques encore, mais moins radicalement aristocratiques que celles de Platon.

Aristote, à cause de son universalité, à cause aussi de ceci qu'il est plus clair que son maître, à cause aussi de ceci qu'il dogmatise, non pas toujours, mais le plus souvent au lieu de discuter et conférer, a eu à travers toute l'antiquité et tout le moyen âge une autorité plus grande que celle de Platon, une autorité qui était devenue (en dehors des matières de foi) comme despotique et comme sacro-sainte. A partir du XVIe siècle il a été remis à son rang qui est très beau encore et a été considéré comme un des esprits, sinon les plus puissants, du moins les plus vastes et du reste très loin encore d'être sans vigueur, qui aient paru parmi les hommes. Pour certains il est comme une transition entre le génie grec, extrêmement fin mais toujours poétique et toujours un peu oriental, et le génie romain plus positif, plus dépouillé, plus pratique, plus épris de réel et de science réelle.

DIVERSES ÉCOLES

DÉVELOPPEMENT A TRAVERS DIVERSES ÉCOLES
DES IDÉES GÉNÉRALES DE SOCRATE, PLATON ET ARISTOTE

*L'école
de Platon
Théophraste*

L'ÉCOLE de Platon (en considérant Aristote comme n'étant pas précisément de cette école) fut continuée par Speusippe, Polémon, Xénocrate, Cratès, Crantor. Elle versa un peu, par un retour en arrière très différent du mouvement d'Aristote, dans les idées pythagoriciennes dont Platon avait été informé et aussi très amoureux souvent, mais non obsédé, et où il ne s'emprisonna jamais.

Le plus brillant élève d'Aristote fut Théophraste, naturaliste, botaniste et moraliste. Son grand titre de gloire pour la postérité, qui ne connaît de lui que cela, est le petit livre des *Caractères* qui a servi de modèle à La Bruyère et avant lui à des poètes comiques de l'antiquité et qui en effet est plein de finesse, de sel, et pour se servir d'un mot très moderne qui convient exactement à cet antique, d'*humour*.

*Écoles
de Mégare
et d'Élis*

Notons pour mémoire les écoles très célèbres, mais qui, manque de textes, nous sont inconnues, de *Mégare,* que l'on appela « la disputeuse » tant elle s'était marquée par son ardeur à la polémique, et d'*Élis* qui semble avoir versé dans les habitudes sophistiques de Zénon d'Élée et de Gorgias.

Bien plus considérable, parce qu'une école qui ne sera rien de moins que le stoïcisme en sortira ou paraîtra en sortir, est l'école cynique. Comme il est arrivé assez souvent, les vagues commencements du stoïcisme ressemblent très sensiblement à sa fin. Les stoïciens des derniers siècles de l'antiquité étaient des espèces de moines mendiants, mal vêtus, mal nourris, d'extérieur négligé, méprisant toutes les commodités de la vie ; les cyniques, au temps d'Alexandre furent cela même, professant que le bonheur est la possession de tous les biens et que la seule façon de posséder tous les biens est de savoir s'en passer. C'est Antisthène qui fonda cette école ou plutôt cet ordre. Il avait été l'élève de Socrate et il n'est pas douteux que son unique pensée fut celle-ci : imiter Socrate, en l'exagérant. Socrate avait été pauvre, avait méprisé la richesse, avait méprisé le plaisir et avait méprisé la science. Le culte de la pauvreté, le mépris des plaisirs, des honneurs, des richesses et la parfaite conviction que savoir quelque chose est parfaitement inutile à l'homme, c'est tout Antisthène. Cela mène très loin, du moins dans les esprits systématiques. Si tout est méprisable, sauf la vertu individuelle, c'est le retour à la vie solitaire et sauvage qui est préconisé ; plus de civilisation, plus de société, plus de patrie. Antisthène était dans ces idées où ses disciples et successeurs furent encore plus ; ils furent cosmopolites et anarchistes. Le plus illustre de cette école, illustre surtout par son excentricité, fut Diogène qui roulait sur les remparts de

Corinthe le tonneau qui lui servait de maison, allumait sa lanterne en plein jour sous prétexte de « chercher un homme », se disait citoyen de l'Univers, était accusé d'avoir été chassé de Sinope par ses compatriotes et répondait : « C'est moi qui les ai condamnés à y rester », disait à Alexandre qui lui demandait ce qu'il pourrait faire pour lui : « Que tu t'ôtes de mon soleil ; tu me fais de l'ombre ».

Cratès
Ménippe
Aristippe

On cite encore Cratès de Thèbes, moins insolent et de meilleures manières, aussi contempteur des biens de ce monde, et Ménippe le faiseur de satires, dont Lucien, beaucoup plus tard, a fait le plus amusant interlocuteur de ses amusants dialogues. En sens inverse, à la même époque, élève de Socrate comme Antisthène, Aristippe fondait l'école du plaisir, assurait que la seule recherche digne de l'effort de l'homme était celle du bonheur et que se rendre heureux était son devoir ; qu'en conséquence, étant assez prouvé et même évident que le bonheur ne peut pas nous venir du dehors, mais doit être cherché en nous, il faut s'étudier, se bien connaître (et ceci est de Socrate) pour éprouver quels sont les états d'âme qui nous donnent une jouissance durable, solide, et s'il se peut permanente. Or la chercheuse et la trouveuse de plaisirs solides c'est la sagesse, ou plutôt, il n'y a pas d'autre sagesse que l'art de distinguer entre les plaisirs et de choisir avec une grande finesse de discernement ceux qui sont vrais. La sagesse consiste encore à dominer les malheurs par la maîtrise de soi pour qu'ils ne nous atteignent pas et même les plaisirs tout en en jouissant pour qu'ils ne nous dominent pas :

« Possédons sans être possédés » était une de ses devises qu'Horace a traduite ainsi : « Je tâche à soumettre les choses à moi et non moi aux choses ». Cette sagesse toute pratique et qui n'est qu'un égoïsme bien entendu est celle d'Horace et de Montaigne et que Voltaire à son tour mettra en vers quelquefois heureux.

Aristippe eut pour successeur à la direction de son école sa fille Areté, puis son petit-fils. Les aristippistes ou cyrénaïques (l'école s'étant fixée à Cyrène) méprisaient franchement les dieux et les considéraient comme des inventions à effrayer les femmes et les petits enfants. L'un d'eux, Evhémère, inventa la théorie, en partie très fausse, en partie exacte, que tous les dieux sont simplement des héros, des rois, des grands, divinisés après leur mort par la reconnaissance ou la terreur des foules. Comme il arrive souvent, les théories philosophiques étant essentiellement plastiques et prenant la forme du tempérament qui les reçoit, tel cyrénaïque, Hégésias, a émis cette doctrine que le souverain bonheur de l'homme est le suicide. En effet si l'objet de l'homme est le bonheur, la vie donnant évidemment beaucoup moins de bonheur que de peines, la philosophie du bonheur est de se dérober à la vie et le seul bon parti est le suicide. Il ne paraît pas qu'Hégésias ait donné la seule preuve de sincérité de cette doctrine qu'on puisse donner quand on la professe.

L'école
de Cyrène

CHAPITRE VII

L'ÉPICURISME

La philosophie morale

CONTINUANT de sentir la forte impulsion que lui a donnée Socrate, la philosophie va continuer longtemps à être presque exclusivement philosophie morale. Seulement elle se bifurque très nettement. Antisthène et Aristippe sont tous deux élèves de Socrate. D'Antisthène sont nés les cyniques; d'Aristippe sont nés les philosophes du plaisir. Des cyniques vont naître les stoïciens, des philosophes du plaisir les épicuriens et ces deux grandes écoles vont presque se partager toute l'antiquité. Commençons par les épicuriens, qui, chronologiquement, se placent un peu avant les stoïques.

Épicure

Épicure, né à Athènes un peu après la mort de Platon, élevé à Samos par ses parents qui avaient dû s'expatrier par suite de revers de fortune, revenu à Athènes vers 305 avant Jésus-Christ, y fonda une école. C'était personnellement un vrai sage, sobre, scrupuleux, contempteur du plaisir, rigoureux pour lui-même, *pratiquement* un stoïcien. Comme vue générale sur le monde il enseignait à très peu près la doctrine de Démocrite : le monde est composé d'une multitude d'atomes doués de certains mouvements qui s'accrochent les uns aux autres et se combinent les uns avec les autres et il n'y a pas autre chose dans le monde. N'y a-t-il pas un premier moteur, un être qui a mis tous ces atomes en mouvement, bref *un* Dieu ? Épicure n'y croit pas. Y a-t-il *des* dieux, comme le croient les gens du peuple ? Épicure le croit ; mais il estime que les dieux sont des créatures supérieures, brillantes, heureuses, qui ne s'occupent pas du monde, n'y interviennent pas et s'occupent encore moins, s'il est possible, de l'humanité. Ils n'ont pas créé le monde, du reste, car pourquoi l'auraient-ils créé ? Par bonté, a dit Platon ; mais il y a tant de mal dans le monde que s'ils l'ont créé par bonté ils se sont trompés et ce sont des sots ; et s'ils ont permis volontairement le mal ce sont des méchants ; et donc il est charitable à leur égard de penser qu'ils ne l'ont pas créé.

Au point de vue de la morale, Épicure se rattache certainement à Aristippe ; mais avec la différence qu'il y a entre le plaisir et le bonheur, Aristippe disait que le but de la vie est le plaisir intelligent, Épicure dit que le but de la vie est le bonheur. Or le bonheur est-il dans les plaisirs ou au contraire les exclut-il ? Épicure est parfaitement persuadé qu'il les exclut. Il dirait, comme lord Beakonsfield : « La vie serait à peu près supportable, n'étaient les plaisirs ». Le bonheur pour Epicure est dans le « flegme » comme dirait Philinte ; il est dans le calme de l'esprit qui s'est rendu inaccessible à tout mouvement de passion, qui

La morale épicurienne

ne s'irrite jamais, ne s'émeut jamais, ne se chagrine jamais, ne désire jamais, ne redoute jamais. Pourquoi, par exemple, craindrions-nous la mort ? Tant que nous la craignons elle n'est pas, dès qu'elle est nous ne la craignons plus ; dès lors en quoi est-elle un mal ?—Mais, pendant la vie elle-même, les souffrances ? — Nous les augmentons beaucoup à nous en plaindre, à nous apitoyer sur nous-mêmes. Si nous faisions le contraire, si quand elles nous torturent nous nous rappellions les plaisirs passés et songions aux plaisirs à venir elles seraient infiniment atténuées.—Mais de quels plaisirs peut parler un homme qui met le bonheur dans l'exclusion des plaisirs ? Les *plaisirs* du sage sont les satisfactions qu'il éprouve à s'assurer du *bonheur*. Il a un plaisir quand il a dompté une passion pour se ramener au calme ; il a un plaisir quand il converse avec ses amis sur la nature du vrai bonheur ; il a un plaisir quand il a détourné un jeune homme des folies passionnelles ou du désespoir et l'a ramené au repos d'esprit, etc. — Mais que direz-vous des souffrances après la mort ? — Qu'elles n'existent pas. Il n'y a point de Tartare, parce qu'il n'y a pas d'immortalité de l'âme. L'âme est matérielle comme le corps et meurt avec lui.

On dira peut-être que cette morale, très grave, très austère se rapproche plus du stoïcisme que de l'aristippisme. Cela est si vrai que quand Horace confesse en souriant qu'il revient à la morale du plaisir, il ne dit point, comme nous dirions : « Je sens que je deviens épicurien », il dit : « Je retombe aux préceptes d'*Aristippe* » ; cela est si vrai que Sénèque, stoïcien professionnel, cite à peu près aussi souvent, dans ses leçons, Épicure que Zénon. Il ne faut pas tout à fait dire, mais on pourrait dire sans se tromper très fort, que l'épicurisme est un stoïcisme souriant et le stoïcisme un épicurisme renfrogné. Nous avons changé dans l'usage courant de la langue le sens du mot épicurien en lui faisant dire : adonné aux plaisirs. Il faut être averti qu'il n'y a pas de contresens plus violent.

L'épicurisme eut une vogue immense dans l'antiquité. Les principaux professeurs d'épicurisme à Athènes furent Métrodore, Hernachus, Polystrate, Apollodore. Pénétrant en Italie, l'épicurisme eut pour son représentant le plus éclatant Lucrèce, qui du système fit un poème, l'admirable *De natura rerum*, puis Atticus, Horace, Pline le Jeune, cent autres. Il devint même une opinion politique : les césariens étaient épicuriens, les stoïciens étaient républicains. Quand le christianisme parut, l'épicurisme se trouva en opposition directe avec lui — et le stoïcisme *aussi* ; mais *beaucoup moins*. Au temps moderne l'épicurisme a eu une renaissance, que nous verrons.

La vogue de l'épicurisme

CHAPITRE VIII

LE STOÏCISME

*La logique
stoïcienne*

LE stoïcisme existait comme en germe dans le cynisme (et du reste dans Socrate) comme l'épicurisme dans Aristippe. Zénon fut élève de Cratès. Très jeune il ouvrit une école à Athènes au Pécile. Le Pécile était un portique ; portique en grec se dit *stoa*, d'où le nom de stoïque. Zénon professa trente ans ou un peu plus ; puis, aux approches de la vieillesse, se donna la mort. Zénon pensait, comme Épicure, comme Socrate, que la philosophie ne doit être que la science de la vie et que la science de la vie c'est la sagesse. La sagesse consiste à penser juste et à agir bien ; mais à ne penser juste que pour agir bien, ce qui est tout à fait dans l'esprit de Socrate et ce qui élimine toute science de curiosité, toute recherche sur la constitution du monde et l'ensemble et même le détail des choses. En cela le stoïcisme est plus étroit que l'épicurisme.

Par suite il faut à l'homme une *logique* (les stoïciens sont les premiers qui emploient ce mot) très nette, très ferme et très rigoureuse. Armé de cet instrument et ne l'employant que pour se connaître et pour se gouverner l'homme se fait sage. Le « sage » pour les stoïciens est une espèce de saint, de surhomme comme on a dit depuis, et très analogue à son Dieu. Il met tout son effort à assurer, à dompter et à supprimer ses passions qui ne sont pas autre chose que « des maladies de l'âme ». Du côté du monde extérieur, il méprise tous les « fortuits », c'est-à-dire tout ce qui ne dépend pas de la volonté humaine et il les considère comme n'existant pas : les maladies du corps, les douleurs, les souffrances, les malheurs, les humiliations, ne sont pas des maux, ce sont des choses indifférentes. Au contraire, les crimes et les fautes sont tellement des maux qu'ils sont *également* exécrables et que le sage doit se reprocher la moindre faute à l'égal du plus grand crime, doctrine paradoxale qui a excité la verve des adversaires, même respectueux, des stoïciens et particulièrement de Cicéron.

Leur maxime la plus fréquemment répétée était : « Abstiens-toi et supporte » ; abstiens-toi de tout mal, souffre toute agression et tout prétendu malheur sans te révolter et sans te plaindre. Ils ont une autre devise très répandue chez eux et par eux : « Vivre conformément à la nature » qui ressemble singulièrement à une maxime épicurienne. Il faut s'entendre. Cette maxime dans leur esprit a pour sens : adhérer librement et respectueusement à l'ordre universel. Le monde est un Dieu qui vit selon des lois qu'il s'est faites et dont nous ne sommes pas juges. Ces lois nous entourent et nous emportent ; elles nous blessent quelquefois. Il faut les respecter et y adhérer, les vouloir même contre nous

(33)

*Maximes
des stoïciens*

avec une sorte de piété, vivre conformément à elles avec respect. Ainsi compris, le *vivre conformément à la nature* n'est pas autre chose qu'un aspect du *supporte*.

Principaux stoïciens

Les principaux adeptes et les principaux maîtres du stoïcisme furent avec et après Zénon, Cléanthe, Chrysippe, Ariston, Herillus en Grèce, à Rome Caton, Brutus, un peu Cicéron, Thraséas, Epictète (grec du reste et qui écrivait en grec) Sénèque, et enfin l'empereur Marc-Aurèle. Le stoïcisme devint assez vite une religion ayant ses rites, ses obédiences, ses pratiques ascétiques, ses directeurs de conscience, son examen de conscience, et ses adeptes ayant un costume traditionnel, longue barbe et long manteau. Il eut une influence considérable, comparable (comparable seulement) au christianisme, mais qui ne pénétra que les classes élevées et les classes moyennes de la société antique, sans aller, ou infiniment peu, jusqu'au peuple. Comme l'épicurisme, le stoïcisme eut une renaissance aux temps modernes par opposition au christianisme, renaissance dont nous nous occuperons plus loin.

CHAPITRE IX

ÉCLECTIQUES ET SCEPTIQUES

**PHILOSOPHES QUI VOULURENT N'APPARTENIR
A AUCUNE ÉCOLE. || PHILOSOPHES QUI DÉCRIÈRENT
TOUTES LES ÉCOLES ET TOUTES LES DOCTRINES**

COMME il devait arriver et comme il arrive toujours la multiplicité des sectes devait amener deux tendances, l'une qui consiste à prendre un peu arbitrairement dans chaque secte ce que l'on y trouve de meilleur et cela s'appelle *éclectisme* ; l'autre qui consiste à penser qu'aucune école n'a saisi le vrai et que le vrai est insaisissable et cela s'appelle le *scepticisme*.

Les éclectiques qui ne forment pas une école, ce qui serait difficile avec l'esprit qui les dirigeait, avaient ceci seulement de commun qu'ils vénéraient les penseurs de l'ancienne Grèce et qu'ils avaient ou s'efforçaient d'avoir des respects et des condescendances pour toutes les religions. Ils vénéraient Socrate, Platon, Aristote, Epicure, Zénon, Moïse, Jésus, saint Paul et aimaient à se figurer qu'ils étaient chacun une révélation partielle de la grande pensée divine et ils s'essayaient à concilier, en procédant par grandes lignes et par vues d'ensemble, ces diverses révélations. Ils s'appelaient Moderatus, Nicomaque, Nemesius, etc. Le plus illustre, sans qu'il soit le plus profond, mais son talent littéraire l'a maintenu en lumière, est Plutarque. Son principal effort, à lui, bien souvent renouvelé depuis, a été de concilier la raison et la foi, je parle de la foi polythéiste. Voyant dans la mythologie des allégories ingénieuses, il démontrait qu'à titre d'allégories recouvrant et contenant des idées profondes, la raison d'un platonicien, d'un aristotélicien, d'un stoïcien pouvait accepter tout le polythéisme. Les éclectiques n'eurent pas beaucoup d'influence et ne plurent qu'à deux familles d'esprits : à ceux qui aiment savoir plutôt qu'avoir une conviction et qui trouvaient dans l'éclectisme une agréable variété de points de vue ; à ceux qui aiment croire un peu à tout et qui ont l'esprit naturellement hospitalier et très peu ferme et qui ne sont pas éloignés d'être sceptiques et que j'appellerai des sceptiques affirmatifs par opposition aux sceptiques négatifs, des sceptiques disant : « Mon Dieu, oui » par opposition aux sceptiques disant toujours : « Plutôt non ».

Les sceptiques Pyrrhon

Les sceptiques proprement dits remontaient chronologiquement plus haut. Le premier sceptique célèbre est contemporain d'Aristote. Il suivit Alexandre dans sa grande expédition d'Asie. C'est Pyrrhon. Il tint école assez obscurément, semble-t-il, à Athènes et eut pour successeur Timon. Ces philosophes comme tant d'autres cherchaient le bonheur et ils affirmaient qu'il était dans l'abstention de juger, dans l'esprit restant en suspens, dans le ne rien dire (aphasie). Pyrrhon ayant accoutumé de dire qu'il était indifférent de vivre ou d'être mort, si on lui demandait : « Alors pourquoi vis-tu ? » répondait : « Mais précisément parce qu'il est indifférent de vivre ou d'être mort». Comme on peut croire, leur jeu favori était d'opposer les écoles entre elles, de battre les unes par les autres, de montrer qu'elles étaient toutes fortes dans ce qu'elles niaient et faibles dans ce qu'elles affirmaient et de les renvoyer dos à dos.

Le scepticisme, mais atténué, adouci et surtout moins agressif se retrouva dans une école qui s'intitulait la Nouvelle Académie. Elle prétendait se rattacher à Socrate, non sans quelque raison puisque Socrate avait assuré que la seule chose qu'il sût était qu'il ne savait rien et elle tenait essentiellement à ne rien affirmer. Seulement les Académiciens croient qu'il y a des choses probables, plus probables que d'autres et ils sont les fondateurs du probabilisme, qui n'est pas autre chose que la conviction accompagnée de modestie. Ils étaient plus ou moins modérés, selon leur tempérament personnel. Arcésilas l'était beaucoup et se bornait à développer le sens critique chez son élève. Carnéade était plus négateur et en arrivait ou revenait à être un sceptique et un sophiste pur et simple. Cicéron, avec un certain fonds de stoïcisme, a été l'élève, des plus modérés, des nouveaux académiciens.

D'autres se fondaient sur l'expérience même, sur l'incertitude de nos sensations et observations, sur tout ce qui peut nous « piper » et nous faire illusion pour faire éclater combien la connaissance humaine est *relative* et misérablement partielle. Tel Énésidème, qu'on croirait que Pascal a lu, tant Pascal, quand il n'est pas dans la foi et quand il prend position de sceptique précisément

*La Nouvelle
Académie*

*Énésidème
Agrippa
Empiricus*

(37)

pour établir qu'il faut se réfugier dans la foi, donne exactement toutes les raisons d'Enésidème. Tel encore Agrippa ; tel encore Sextus Empiricus, si souvent critique de la science qui démontre, comme, un peu, de nos jours M. Henri Poincaré, que toutes les sciences et même les plus orgueilleuses de leur certitude comme la mathématique et la géométrie reposent sur des conventions et des « commodités » intellectuelles.

CHAPITRE X

LE NÉOPLATONISME

RETOUR A LA MÉTAPHYSIQUE
MÉTAPHYSICIENS IMAGINATIFS A LA MANIÈRE DE PLATON
MAIS AVEC EXCÈS

LA métaphysique au milieu de tout cela, c'est-à-dire l'effort pour comprendre l'ensemble des choses, semble un peu bas. Elle a une renaissance au iiiᵉ siècle de notre ère avec des Alexandrins (de là le nom d'Ecole alexandrine) qui vinrent professer à Rome avec le plus grand éclat. L'alexandrinisme c'est un *néoplatonisme*, c'est-à-dire un platonisme renouvelé et, dans la pensée de ses auteurs, agrandi.

L'alexandrinisme

Plotin enseignait ceci : il y a Dieu et la matière, Dieu un, la matière multiple et divisible. Dieu est inintelligible en soi et n'est compris que dans ses manifestations. On s'élève, non pas à la connaissance de lui mais au sentiment de lui, par une série de degrés qui sont comme la purification progressive de la croyance et qui nous amènent à une sorte d'union avec lui, comme serait celle d'un être avec un autre être qu'il ne verrait pas mais de la présence duquel il ne douterait point. La matière et c'est-à-dire tout l'univers est une émanation de Dieu, comme le parfum est émana-

Plotin

tion d'une fleur. Tout n'est pas Dieu et il n'y a que Dieu qui soit Dieu, mais tout est divin, tout participe de Dieu comme toute pensée de nous participe de notre âme. Or si tout émane de Dieu, tout, aussi, tend à y revenir, comme les corps nés de la terre, nourris par la terre, mus par les forces qui leur viennent de la terre tendent à revenir à la terre. C'est ce qui fait l'harmonie du monde. La loi des lois c'est que tout morceau de l'univers venu de Dieu retourne à Dieu et veut retourner à lui. L'univers est une émanation du parfait et un effort vers la perfection. L'univers est un Dieu en exil qui a la nostalgie de lui-même. L'univers est une dégradation de Dieu qui tend à sa réintégration.

Comment se fait cette émanation de Dieu devenant matière ? C'est un mystère ; mais on peut supposer qu'elle se fait par degrés successifs. De Dieu émane l'intelligence, l'intelligence impersonnelle, qui n'est ni l'intelligence de vous ou de moi, mais l'intelligence universelle, répandue dans le monde entier et l'animant. De l'intelligence émane l'âme, l'âme qui peut s'unir à un corps et devenir une personne. L'âme est moins divine que l'intelligence qui elle-même était moins divine que Dieu, mais elle l'est encore. De l'âme émane le corps auquel elle s'unit. Le corps est moins divin que l'âme qui était moins divine que l'intelligence, qui était moins divine que Dieu ; mais il l'est encore, car il a une forme, une figure, un dessin, marque et empreinte de l'intelligence divine. Et enfin la matière sans forme est la plus lointaine des émanations de Dieu et la plus basse des dégradations de Dieu. Dieu *est* en

lui ; il pense de pensée pure dans l'intelligence ;
il pense de pensée mêlée et confuse dans l'âme ;
il sent dans le corps ; il dort dans la matière
informe. Et le but de la matière informe c'est
d'avoir une forme, c'est-à-dire un corps ; et le but
du corps c'est d'avoir une âme ; et le but de
l'âme c'est de s'unir à l'intelligence et le but de
l'intelligence c'est de se confondre avec Dieu.

Les âmes non unies à des corps contemplent
l'intelligence et ont un bonheur absolu. D'autres
âmes non unies à des corps, mais sollicitées par un
certain instinct à s'unir à des corps, sont d'une
nature ambiguë très haute encore. Enfin les âmes
unies à des corps (les nôtres) sont très dégradées
mais peuvent se relever et se purifier par la contemplation de l'intelligence éternelle et par leur
union relative avec elle. Cette contemplation a
plusieurs degrés, pour ainsi dire, d'intensité,
degrés que Plotin appelait des hypostases. Par la
perception nous entrevoyons les idées, par la
dialectique nous les pénétrons ; par une dernière
hypostase qui est l'extase, nous pouvons quelquefois nous unir immédiatement à Dieu, vivre en
lui.

Plotin eut pour élèves et successeurs Porphyre,
Jamblique, d'autres encore. Porphyre ne fait
guère qu'exposer la doctrine de son maître et n'a
d'originalité que comme logicien. Avec Jamblique et son école nous assistons à un effort très
intéressant pour relever le paganisme épuisé et
expirant, pour constituer un paganisme philosophique. Les philosophes de l'école de Jamblique
sont du reste des magiciens, des spirites, des
faiseurs de miracles, des hommes aussi antipositi-

Les élèves de
Plotin

(41)

vistes que possible. Quant à Jamblique lui-même, il essaie de concilier le polythéisme avec le néoplatonisme en mettant au centre de tout un Dieu suprême, un Dieu pour ainsi dire essentiel, *dont il fait sortir* une foule de dieux secondaires et de troisième ordre et de quatrième ordre, etc., depuis ceux qui sont purement immatériels jusqu'à ceux qui sont inhérents à la matière. Les subtiles divagations du néoplatonisme continuèrent, obscurément, dans l'École d'Athènes, jusqu'au moment où elle fut fermée et pour jamais, en 529, par l'empereur Justinien comme hostile à la religion de l'Empire qui était à cette époque le christianisme.

CHAPITRE XI

LE CHRISTIANISME

IDÉES PHILOSOPHIQUES QUE LE CHRISTIANISME
ACCUEILLE, ADOPTE OU CRÉE
COMMENT IL DOIT DONNER UN TOUR NOUVEAU
A TOUTE PHILOSOPHIE MÊME ÉTRANGÈRE A LUI

Le Christianisme se répandit dans l'Empire par la propagande des apôtres et tout particulièrement de saint Paul à partir de l'année 40 environ. Ses succès furent extrêmement rapides, surtout parmi les hommes et les femmes du peuple et gagna peu à peu les classes supérieures. Comme philosophie générale, le christianisme primitif n'apportait absolument que les dogmes hébraïques : unité de Dieu, Dieu providentiel, c'est-à-dire intervenant directement dans les événements humains ; immortalité de l'âme et récompenses et peines d'outre-tombe (idée récente chez les Juifs, mais cependant antérieure au christianisme). Comme morale il apportait quelque chose de tout nouveau et de si beau qu'il n'est pas très probable que l'humanité le dépasse jamais et qui peut, incomplètement et imparfaitement, se résumer ainsi : amour de Dieu ; il ne faut pas seulement craindre Dieu, comme les païens et comme les anciens Juifs ; il faut l'aimer, il faut l'aimer passionnément

*La philosophie
et la morale
chrétiennes*

(43)

comme un fils son père et tout faire pour cet amour et en considération de cet amour ; — tous les hommes sont frères comme fils de Dieu et ils doivent s'aimer comme des frères ; aimez votre prochain comme vous-même, aimez celui qui ne vous aime pas ; aimez vos ennemis ; ne soyez pas avide des biens de ce monde, ni ambitieux, ni orgueilleux ; car Dieu aime les petits, les humbles, les souffrants et les misérables et il exaltera les petits et il déprimera les superbes.

Rien de pareil n'avait été dit dans toute l'antiquité et il faut des prouesses d'ingéniosité, du reste intéressantes, pour trouver dans les sages anciens quelques linéaments seulement de cette doctrine.

Enfin comme politique, si l'on peut parler ainsi, le christianisme apportait cette nouveauté : il y a deux empires, l'empire de Dieu et l'empire humain ; vous ne devez pas tout à l'empire humain ; vous ne lui devez très fidèlement que ce qu'il lui faut pour qu'il soit fort et conserve la Société ; en dehors de lui et cela fait, vous êtes sujet de Dieu et ne devez compte qu'à Dieu de vos pensées, de vos croyances, de votre conscience et sur cette partie de vous même l'Etat n'a aucun droit, ni aucune autorité, si ce n'est usurpée et tyrannique ; et il y avait dans cette parole comme la charte de la liberté individuelle, comme la charte des droits de l'homme.

Comme élément de sensibilité, enfin, le christianisme apportait l'histoire d'un jeune Dieu, infiniment bon et doux, qui n'avait jamais maudit, qui avait été infiniment aimé, qui avait été persécuté, qui avait été trahi, qui avait pardonné à ses bourreaux et qui était mort dans de grandes souffrances et qu'il fallait imiter (d'où est venue la soif du martyre). Et cette histoire n'était pas en soi plus touchante que celle de Socrate, mais elle était celle d'un jeune martyr et non d'un martyr vieux et il y a là pour l'imagination et la sensibilité des foules une très sensible différence.

La prodigieuse rapidité des succès du christianisme s'explique assez aisément. Le polythéisme n'avait plus une grande influence sur les foules et aucune doctrine philosophique n'avait trouvé le chemin des foules, ni même ne l'avait cherché ; le christianisme, essentiellement populaire, aimant les humbles, aimant les petits, ayant tendance à les préférer aux grands de la terre et à les considérer plus que ceux-ci comme enfants de Dieu, fut reçu par les foules comme la seule doctrine pouvant remplacer le polythéisme vermoulu et elles virent dans le christianisme la religion qu'elles attendaient et dans les chefs du christianisme leurs protecteurs et défenseurs.

Les succès du christianisme

Le christianisme évolua très rapidement et de grande doctrine morale avec un minimum de métaphysique rudimentaire, devint, peut-être à tort, une philosophie rendant compte ou voulant rendre compte de toutes choses ; pour ainsi parler il s'adjoignit une métaphysique qu'il emprunta en grande partie à la philosophie grecque, en grande partie à la tradition hébraïque. Il eut ses idées sur l'origine des choses et assura que Dieu était éternel, mais que la matière ne l'était pas et que Dieu l'avait créée de rien. Il eut ses idées sur l'essence de Dieu et le vit en trois personnes ou hypostases, l'une aspect de Dieu comme

Son évolution

puissance, l'autre aspect de Dieu comme amour, et l'autre aspect de Dieu comme intelligence. Il eut ses idées sur l'incarnation et l'humanisation de Dieu, Dieu s'étant fait homme sans cesser d'être Dieu, en Jésus-Christ. Il eut ses idées sur les rapports de l'homme avec Dieu, l'homme ayant quelque puissance en lui d'épuration et de perfectionnement, mais ayant toujours besoin d'un secours de Dieu pour se perfectionner (théorie de la grâce) ce qu'il est nécessaire que l'homme croie ; car sans cela il serait d'une superbe insolente dans le sentiment de sa liberté. Il eut ses idées sur l'existence du mal sur la terre, disant pour « justifier Dieu » d'avoir permis le mal sur la terre que la terre était un lieu d'épreuve et que le mal n'était qu'une manière de mettre l'homme à l'épreuve et de savoir quels sont ses mérites. Il eut ses idées sur les récompenses et peines d'outre-tombe et à l'enfer pour les méchants et le ciel pour les bons qu'avait connus l'antiquité, il ajouta le purgatoire, lieu à la fois de punition et de purification par la punition, idée toute platonicienne que Platon a pu inspirer mais n'avait pas eue. Enfin il fut toute une philosophie répondant et du reste d'une façon souvent admirable à toutes les questions que se pose ou peut se poser l'humanité.

Et cela, comme il arrive si fréquemment, lui a été une faiblesse et une force : une faiblesse parce que, l'embarrassant de questions subtiles, compliquées, inextricables dans lesquelles le genre humain se débattra toujours, cela l'engageait dans des discussions sans fin où les raisons mauvaises ou faibles données par tel ou tel fidèle compromettaient l'ensemble de l'œuvre ; une force parce que quiconque apporte une règle de vie est à peu près obligé de l'étayer d'idées générales portant sur l'ensemble des choses, de la *situer* dans une vue générale du monde, sans quoi il semble impuissant, débile, disqualifié pour donner cette règle de vie elle-même, incapable de répondre aux *pourquoi?* que cette règle de vie soulève ; et finalement manque d'autorité.

Schismes et
hérésies

A tort ou à raison, et il est difficile et bien hasardeux de trancher la question, le christianisme fut toute une philosophie, ce pourquoi il eut ses schismes et ses hérésies, un certain nombre de chrétiens très sincères ne résolvant pas les questions métaphysiques comme la majorité. Les hérésies furent innombrables ; je ne citerai que les deux qui intéressent éminemment l'histoire de la philosophie. Manès, arabe, et l'Arabie était alors province persique, ressuscita la vieille doctrine zoroastrique des deux principes du bien et du mal et voyait dans le monde deux Dieux en lutte, celui de la perfection et celui du péché, et donnait pour devoir à l'homme d'aider le Dieu du bien, pour que son règne arrivât et pour qu'il y eût destruction du mal dans le monde. Procédèrent de lui les manichéens, qui eurent une grande influence et qui furent condamnés par maints conciles jusqu'à ce que leur secte s'éteignît pour renaître ou sembler renaître assez souvent, au moyen âge et aux temps modernes.

Arius niait la Trinité, ne croyait qu'en un Dieu, non seulement unique, mais en une seule personne et par conséquent niait la divinité de Jésus. Il vécut toujours en controverses et en polémiques, soutenu par quelques évêques, combattu par la plupart. Après sa mort sa doctrine se propagea étrangement. Elle fut étouffée en Orient par Théodose, mais fut très généralement adoptée par les « Barbares » d'Occident (Goths, Vandales, Burgondes, Lombards). On la vit renaître plus ou moins précise, après la Réforme, chez les Sociniens.

Rome et le christianisme

Les rapports du christianisme avec le gouvernement de Rome furent, comme on le sait assez, très tragiques. Il y eut dix persécutions sanglantes et dont quelques-unes furent atroces. On s'est souvent demandé la cause de cette animosité contre les chrétiens, de la part d'un gouvernement qui tolérait toutes les religions et toutes les philosophies. On s'est dit que les persécutions sont naturelles à Athènes, où la démocratie, obstinément attachée aux divinités du pays, traite en ennemis du pays ceux qui font abstraction des dieux du pays ; que les persécutions sont naturelles de la part d'un Calvin ou d'un Louis XIV, qui confondent en eux les deux pouvoirs et qui n'admettent pas que personne ait dans l'État une autre façon de penser que celle du chef de l'État, qu'elles sont incompréhensibles de la part d'un gouvernement qui admettait tous les cultes et toutes les doctrines. L'explication est peut-être d'abord que le christianisme était essentiellement populaire et que le gouvernement voyait en lui le plébéianisme, toujours inquiétant, et une organisation du plébéianisme, chose plus inquiétante encore. L'administration de la religion avait toujours été chose aristocratique, les pontifes romains étaient des patriciens, l'Empereur était le

souverain pontife ; obéir, encore que ce ne fût
que spirituellement à des prêtres particuliers,
c'était désobéir à l'aristocratie romaine, à l'Empereur lui-même et c'était proprement une
révolte.

L'explication est peut-être encore que chaque
religion nouvelle qui s'introduisait à Rome ne
contrariait point et ne contredisait point le
polythéisme, le principe du polythéisme étant
précisément qu'il y a beaucoup de dieux, tandis
que le christianisme, niant tous les dieux, affirmant qu'il n'y en a qu'un et qu'il faut mépriser
tous les autres comme n'existant pas, contredisait, niait et ruinait ou prétendait détruire l'essence même du polythéisme. Il n'était pas une
variante, il était une hérésie ; il était plus qu'héré-
tique il était anarchique ; il condamnait non seulement telle ou telle religion, mais la tolérance
même avec laquelle le gouvernement romain
acceptait toutes les religions. Et dès lors, il est
assez naturel qu'il ait été combattu à outrance
par tous les empereurs, à bien peu près, depuis
les plus exécrables comme Néron, jusqu'aux
meilleurs comme Marc-Aurèle.

Les rapports du christianisme avec la philosophie furent confus. L'immense majorité des philosophes le repoussa, se croyant supérieurs à lui
et du reste, le sentant redoutable, s'arma contre
lui de tout ce qu'elle pouvait trouver de beau ou
de spécieux ou d'expédient dans l'ancienne philosophie, et l'ardeur du néo-platonisme que nous
avons considéré vient en partie précisément de
cet instinct de rivalité et de lutte. Il y eut à cette
époque une foule d'Ernest Havet opposant l'*hel-*

*Le christia-
nisme et les
philosophes*

lénisme au *christianisme* et Ernest Havet n'est qu'un néo-platonicien du XIXe siècle.

Un certain nombre de philosophes cependant, soit du côté judéo-chrétien, soit du côté hellénique, essayèrent de quelque conciliation, et soit, juifs, firent comme des avances à l'hellénisme soit, grecs, admirent qu'il y avait quelque chose d'acceptable du côté de Sion. Aristobule, juif (antérieur à Jésus-Christ), semble avoir tenté d'accommoder Moïse avec Platon ; Philon, juif (contemporain de Jésus-Christ et qui lui a survécu, non chrétien), que nous connaissons mieux, poursuivit toute sa vie le dessein de montrer toutes les ressemblances qu'il pouvait y avoir entre Platon et l'Ancien Testament, à peu près comme de nos jours quelques-uns se sont efforcés de démontrer l'accord surprenant entre la théorie darwinienne et la Genèse. On l'appelait le Platon juif, et l'on disait à Alexandrie : « Philon imite Platon ou Platon imite Philon ».

. De leur côté, plus tard, certains Grecs éclectiques que nous avons nommés, Moderatus, Nicomaque, Nemesius, poussèrent la bienveillance jusqu'à tenir compte sinon de Jésus du moins de Moïse et d'admettre la pensée israélite dans l'histoire de la philosophie et de la sagesse humaine. Mais en général, c'est dans les écoles de philosophie et dans le monde, de plus en plus restreint, se piquant de philosophie, que le christianisme était particulièrement repoussé, écarté et méconnu.

*Les philoso-
phes chrétiens* — Les chrétiens ne laissèrent pas d'avoir (sans parler de beaucoup d'autres qui appartiennent plutôt à l'histoire de l'Eglise qu'à celle de la philosophie)

deux très grands philosophes qui s'imposent à notre attention : Origène et saint Augustin.

Origène était alexandrin, de la fin du II° siècle, élève de saint Clément d'Alexandrie. Chrétien et platonicien, pour se permettre et pour s'excuser de concilier les deux doctrines, il alléguait que les apôtres n'ont donné de la parole chrétienne que ce que la foule pouvait en comprendre et que les doctes pouvaient l'entendre d'une manière plus subtile, plus profonde et plus complète. Cette précaution prise, il exposait son système qui est celui-ci : Dieu est un pur esprit. Il se dégrade déjà dans *des esprits* qui sont ses émanations. Ces esprits sont capables du bien et du mal. Quand ils inclinent au mal ils se revêtent de matière et deviennent des âmes dans des corps. C'est ce que nous sommes. Il y a du reste plus bas que nous. Il y a des esprits impurs qui ont revêtu des corps immondes ; ce sont les démons. Or, frères déchus des anges, nous sommes libres, moins qu'eux, mais libres encore. Par cette liberté, nous pouvons en cette vie ou nous relever ou nous abaisser. Mais cette liberté ne suffit pas : il nous faut un peu d'aide. Cette aide nous vient des esprits qui sont restés esprits purs. L'aide qu'ils nous donnent est combattue par les efforts des esprits entièrement déchus qui sont plus bas que nous dans l'échelle. Lutter contre les esprits immondes, aider les esprits purs qui nous aident, les aider à nous aider, tel est notre devoir dans cette vie qui est une médecine, la médecine de Platon, c'est-à-dire une punition, stérile quand elle n'est pas acceptée de nous, salutaire quand acceptée de nous avec reconnaissance, elle est

Origène

(51)

expiation et par conséquent purification. Le rôle du Rédempteur dans tout cela est le même que celui des esprits, mais plus grand et plus décisif. Roi des esprits, esprit des esprits, il éclaire par la révélation notre intelligence trop confuse et fortifie contre la tentation notre volonté trop débile.

Saint Augustin

Saint Augustin de Thagaste (Afrique) longtemps païen, exerçant la profession de professeur de rhétorique, devint chrétien et fut évêque d'Hippone. C'est lui qui a *fixé*, de la façon la plus conforme et la plus accessible aux intelligences occidentales, la doctrine chrétienne. Au lieu de la confondre, plus ou moins intentionnellement, plus ou moins par mégarde, avec le philosophisme, il s'est de toutes ses **forces**, qui étaient grandes, attaché à l'en distinguer avec la dernière précision possible. Les philosophes ont toujours envisagé le monde comme une émanation de Dieu. Dès lors tout est Dieu. Ne raisonnons pas ainsi. Il n'y a pas émanation, il y a création ; Dieu a créé le monde et est resté distinct de lui. Il l'habite de telle sorte que nous vivons en lui ; *in eo vivimus, movemur et sumus* ; il l'habite tout entier, mais il n'est pas lui ; il est partout, il n'est pas tout. Dieu a créé le monde. Donc dira-t-on, avant que le monde fût créé Dieu est resté un temps immense sans rien faire. Point du tout, parce que le temps n'a commencé que du moment où le monde a été créé. Dieu est en dehors du temps. L'éternel c'est l'absence de temps. Dieu n'a donc pas été un instant avant la création du monde. Ou, si voulez, il a été une éternité avant la naissance du monde. Mais c'est la même chose ; car l'éternité c'est le temps n'existant pas.

Certains entendent Dieu en trois personnes par trois Dieux. Ce polythéisme, ce paganisme est à rejeter. Mais comment comprendre ? Comment ? Vous sentez-vous plusieurs âmes ? Non. Et cependant il y a plusieurs facultés de l'âme. Les trois personnes de Dieu sont les trois facultés divines. L'homme est une âme et un corps. On ne doit pas douter de l'âme ; car douter c'est déjà penser et penser c'est être ; nous sommes avant tout des êtres pensants. Mais qu'est-ce que l'âme ? Quelque chose d'immatériel à coup sûr, puisqu'elle conçoit des choses immatérielles, ligne, point, surface, espace. Il est aussi nécessaire que l'âme soit immatérielle pour saisir l'immatériel, qu'il est nécessaire que la main soit matérielle pour saisir une pierre.

D'où vient l'âme ? De l'âme des ancêtres par transmission ? Ce n'est pas probable ; car c'est la considérer comme matérielle. De Dieu par émanation ? Ce n'est pas admissible ; c'est la même erreur que de croire le monde émanation de Dieu. Là aussi il y a non émanation, mais création. Dieu crée les âmes en destination des corps qui, eux, naissent par hérédité. Le corps détruit, que devient l'âme ? Elle ne doit pas périr ; car la pensée ne dépendant point des sens, il n'y a pas de raison pour qu'elle disparaisse quand les sens disparaissent.

La liberté humaine est chose certaine ; nous sommes libres de faire le bien ou de faire le mal. Mais alors Dieu n'a pu *savoir d'avance* ce que je ferais aujourd'hui et par conséquent, voilà que Dieu, du moins en sa puissance de savoir, est limité, n'est pas tout-puissant. Saint Augustin répond confusément (car cette question est sans doute insoluble) que nous avons une illusion de liberté, une illusion que nous sommes libres, qui suffit pour que nous ayons du mérite si nous faisons bien et du démérite si nous faisons mal, et que cette illusion de liberté est une liberté relative, mais qui laisse absolue la prescience de Dieu et par conséquent sa toute-puissance. L'homme du reste est extrêmement faible, débile et incapable du bien à cause du péché originel, du péché de notre premier père et de notre première mère, lequel s'est transmis par hérédité jusqu'à nous, et nous paralyse. Mais Dieu nous aide et c'est ce qui s'appelle la grâce. Il nous aide gratuitement comme l'indique le mot grâce, et *s'il veut* et quand il veut et dans la mesure qu'il veut. La doctrine de la *prédestination*, par laquelle on est d'avance destiné à être sauvé ou perdu, naîtra de là.

DEUXIÈME PARTIE

AU MOYEN AGE

CHAPITRE I

DU CINQUIÈME SIÈCLE AU TREIZIÈME

LA PHILOSOPHIE N'EST QU'UN INTERPRÈTE DU DOGME.
QUAND ELLE EST DÉCLARÉE CONTRAIRE AU DOGME
PAR L'AUTORITÉ RELIGIEUSE ELLE EST UNE HÉRÉSIE.
INTERPRÉTATIONS ORTHODOXES ET HÉRÉSIES
QUELQUES PHILOSOPHES INDÉPENDANTS

APRÈS l'invasion des Barbares la philosophie, comme les lettres, se réfugia dans les couvents de moines et dans les écoles que les évêques instituaient et entretenaient auprès d'eux. Mais l'Église n'admet pas la libre recherche de la vérité. La vérité a été établie par les Pères de l'Église et fixée par les Conciles. Dès lors la vie philosophique pour ainsi parler qui ne s'est jamais interrompue prend un nouveau caractère. Dans l'intérieur de l'Église elle se couvre — je ne dis pas elle se déguise — sous l'interprétation du dogme ; elle est une sorte d'auxiliaire respectueux de la théologie, et c'est pour cela qu'on l'appelle « servante de la théologie », *ancilla*

Le dogme

théologiæ. Quand elle s'émancipe, quand elle s'écarte du dogme, elle est une *hérésie* et toutes les grandes hérésies n'ont pas été autre chose que des écoles philosophiques et c'est pour cela que les hérésies doivent entrer dans une histoire de la philosophie. — Et enfin, mais seulement vers la fin du moyen âge, la pensée laïque, sans s'inquiéter du dogme et ne songeant plus à l'interpréter, crée des doctrines philosophiques exactement comme les philosophes de l'antiquité en inventaient en dehors de la religion et y étant ou hostiles ou indifférents.

La scolastique Scot Érigène

La philosophie orthodoxe du moyen âge fut la scolastique. La scolastique consistait à amasser et à faire connaître les faits scientifiques, les faits de connaissance qu'il était utile qu'un honnête homme n'ignorât point et elle construisait dans ce dessein des encyclopédies; d'autre part elle consistait non pas précisément à concilier la foi à la raison, non pas et encore moins à soumettre la foi à la critique de la raison; mais *à rendre la foi sensible à la raison,* comme, du reste, ç'avait été l'office des Pères de l'Église et particulièrement de saint Augustin.

Scot Érigène, Écossais attaché à l'Académie palatine de Charles le Chauve, vivait au xiᵉ siècle. Il était extrêmement savant. Sa philosophie est platonicienne ou plutôt son tour d'esprit est platonicien. Dieu est l'être absolu; il est innommable puisque tout nom est une délimitation de l'être; il *est* absolument et infiniment. Comme créateur de tout et incréé il est la cause en soi; comme but auquel tout tend il est la fin suprême. L'âme humaine est d'essence impénétrable comme Dieu même ; aussi bien elle est Dieu en nous. Nous sommes déchus par le corps et en tant qu'êtres corporels, nous pouvons, par la vertu et particulièrement par la vertu de la pénitence, nous relever jusqu'à la hauteur des anges. Le monde est la création continue de Dieu. Il ne faut pas dire que Dieu a créé le monde, mais qu'il le crée ; car s'il cessait de le soutenir, le monde ne serait plus rien. Dieu est création continue et attraction continue. Il attire à lui tous les êtres et il finit par les avoir tous en lui. Il y a prédestination de tout à la perfection.

Ces idées, dont quelques-unes, comme on l'a vu, dépassent le dogme et sont au moins un commencement d'hérésie, sont toutes pénétrées de platonisme, surtout de néo-platonisme et font supposer que Scot Érigène avait une érudition grecque très étendue.

Un grand *fait* littéraire et philosophique au viiie siècle fut l'invasion des Arabes. Les mahométans ont envahi successivement la Syrie, la Perse, l'Afrique et l'Espagne, firent comme un croissant dont les deux pointes touchaient les deux extrémités de l'Europe. Or, élèves curieux et très avisés des Grecs asiatiques et africains, ils fondirent partout des Universités très brillantes et vite célèbres (Bagdad, Bassorah, Cordoue, Grenade, Séville, Murcie) et apportèrent à l'Europe un nouveau contingent de science, et par exemple tout Aristote dont l'Europe occidentale ne possédait presque rien. Des étudiants avides de savoir vinrent apprendre chez eux, en Espagne, tel Gerbert qui devint un grand érudit, qui professa à Reims et qui devint pape. Personnelle-

La science arabe

ment les Arabes furent souvent de très grands philosophes et il faut au moins ne pas ignorer les noms d'Avicenne (xe siècle, néo-platonicien) et d'Averroès (xiie siècle, aristotélicien ayant quelques tendances à admettre l'éternité de la nature évoluant d'elle-même à travers le temps). Leurs doctrines se propagèrent et surtout les livres anciens qu'ils faisaient connaître se répandirent. C'est d'eux que date le règne d'Aristote à travers tout le moyen âge.

Saint Anselme

Saint Anselme, au xie siècle, Savoyard, qui fut longtemps abbé de Bec en Normandie et mourut archevêque de Cantorbéry, est un des plus grands docteurs en philosophie au service de la théologie qu'il y eut jamais. « Nouveau saint Augustin » (on l'a nommé ainsi), il part de la foi pour aboutir à la foi après qu'elle a été rendue sensible à la raison. Il dit, comme saint Augustin : « Je crois pour comprendre » (très persuadé que si je ne croyais pas je ne comprendrais jamais) et il ajoute, ce qui du reste était dans la pensée de saint Augustin : « Je comprends pour croire. » Saint Anselme prouvait l'existence de Dieu par les arguments les plus abstraits. Par exemple il disait : « Il faut une cause, une ou multiple ; une, c'est Dieu ; multiple, elle peut dériver d'une cause une et cette cause une c'est Dieu ; elle peut, dans chaque chose causée, être une cause particulière ; mais alors il lui faut supposer une force personnelle qui doit avoir sa cause elle-même et ainsi nous remontons à une cause commune et c'est-à-dire unique.....

Il prouvait Dieu encore par la preuve restée célèbre sous le nom d'argument de saint Anselme : concevoir Dieu, c'est prouver qu'il est ; la conception de Dieu est preuve de son existence ; car toute idée a son objet ; surtout une idée qui a pour objet l'infini suppose que l'infini existe ; car tout étant fini ici-bas, qui donnerait à l'esprit humain l'idée de l'infini ? Donc si le cerveau humain a l'idée de l'infini c'est que l'infini existe. L'argumentation peut être discutée, mais comme preuve d'une singulière vigueur d'esprit chez son auteur elle est indiscutable.

Bien spirituelle aussi l'explication de la nécessité de la rédemption ! Pourquoi Dieu-homme ? c'est le titre d'un de ses ouvrages) dit saint Anselme. Mais parce que le péché à l'égard de Dieu infini est un crime infini. L'homme, fini et borné, ne pourrait donc jamais l'expier. Dès lors que peut faire Dieu pour venger son honneur, pour que satisfaction lui soit donnée ? Il ne peut que se faire homme sans cesser d'être Dieu afin que, comme homme, il fasse à Dieu une amende honorable à laquelle, comme Dieu, il donnera le caractère d'infinitude. Il est donc absolument nécessaire qu'à un moment donné l'homme fût Dieu, ce qui ne se pouvait faire qu'à la condition que Dieu se fît homme.

C'est au temps de saint Anselme que commença la célèbre querelle philosophique des *réalistes* et des *nominalistes* et des *conceptualistes*. Nous sommes ici forcés d'employer les termes techniques ou de ne pas parler de cette querelle puisque cette querelle est surtout une querelle de mots. Les réalistes (dont était saint Anselme) disaient : « Les *idées* (idée de la vertu, idée du péché, idée de la grandeur, idée de la

Réalistes nominalistes et conceptualistes

Faguet. Initiation philosophique.   5

petitesse) sont des réalités ; elles existent, d'une existence spirituelle, évidemment, mais elles existent réellement ; elles sont : il y a une vertu, un péché, une grandeur, une petitesse, une raison, etc .; et ceci était un souvenir très précis des idées de Platon. Il n'y a même que l'idée, que le général, que l'universel qui soit réel et le particulier n'a qu'une apparence de réalité. Les hommes n'existent pas, l'homme particulier n'existe pas ; ce qui existe, c'est l'*homme* en général et les hommes individuels ne sont que les apparences, que les reflets colorés de l'homme universel. » — Les nominalistes (Roscelin, par exemple, chanoine de Compiègne) répondirent : « Non : les idées générales, les universaux, comme vous dites, ne sont que des noms, que des mots, que des émissions de voix, que, si vous voulez, des étiquettes que nous mettons sur telle ou telle catégorie de faits observés par nous ; il n'y a pas de grandeur ; il y a un certain nombre de choses grandes et quand nous pensons à elles, sur l'idée générale que nous en concevons nous inscrivons ce mot : grandeur. Il n'y a pas d'*homme* ; il y a des hommes et le mot humanité n'est qu'un mot représentatif pour nous d'une idée collective.

Pourquoi les réalistes tenaient-ils tant à leurs universaux tenus pour des réalités et pour les seules réalités ? Mais pour bien des raisons. Si l'individu seul est réel, il n'y pas trois personnes en Dieu, il y a trois Dieux et l'unité de Dieu n'est pas réelle, elle n'est qu'un mot et Dieu n'est pas réel, il n'est qu'une émission de voix. Si l'individu n'est pas réel, l'*Église n'est pas réelle* ; elle n'existe pas, il n'existe que des chrétiens qui sont libres de leur pensée et de leur foi. Or l'Église est réelle et nous voulons qu'elle soit réelle et même qu'il n'y ait qu'elle de réelle et que les individus qui la constituent soient par elle et non par eux. (C'est exactement la doctrine, actuellement, de certains philosophes relativement à la société : la société existe indépendamment de ses membres; elle a ses lois à elle indépendamment de ses membres; elle est une réalité par elle-même; et ses membres sont par elle et non elle par eux, et pour ce doivent lui obéir; M. Durkheim est un *réaliste*.)

Abélard, de Nantes, élève du nominaliste Guillaume de Champeaux, savant, artiste, lettré, incomparable orateur, essaya d'une conciliation. Il dit : « L'universel n'est pas une réalité, certainement; mais il n'est pas non plus un simple mot; il est une *conception* de l'esprit, ce qui est plus qu'une émission de voix. Comme conception de l'esprit, en effet, il vit d'une vie qui dépasse l'individu puisqu'il peut être commun à plusieurs individus, à beaucoup d'individus et puisqu'il leur est commun en effet. L'idée générale que j'ai et que j'ai communiquée à mon auditoire et qui revient de mon auditoire à moi est plus qu'un mot puisqu'elle est un lien entre mon auditoire et moi et une atmosphère où nous vivons moi et mon auditoire. L'Église ne serait qu'un mot ? A Dieu ne plaise que je le dise ! Elle est un lien entre tous les chrétiens; elle est une idée générale qui leur est commune et qui fait qu'en elle chaque individu se sent plusieurs, se sent beaucoup, encore qu'il soit vrai que si elle n'était pensée par personne elle ne serait rien. » Au fond il était nomi-

Abélard

naliste, mais plus délié, plus subtil, plus profond aussi et plus précis et voyant mieux ce que Guillaume de Champeaux avait voulu dire.

Il fut du reste aussi condamné que lui.

En dehors de la grande querelle il avait des idées singulièrement larges et hardies. Moitié sachant l'antiquité, moitié la devinant, il l'estimait infiniment ; il y retrouvait, parce qu'il aimait à les y retrouver, toutes les idées chrétiennes : Dieu unique, Trinité, Incarnation, reversibilité des fautes, péché originel ; et il voyait moins de distance entre la philosophie ancienne et le christianisme qu'entre l'Ancien et le Nouveau Testament (cela tient à ce que le christianisme non primitif, mais constitué au IVe siècle, le seul que connaisse Abélard, s'est, précisément, assez profondément pénétré d'hellénisme). Il croit que le Saint-Esprit s'est révélé aux sages de l'antiquité aussi bien qu'aux juifs et aux chrétiens et que les païens vertueux ont pu être sauvés. — La morale d'Abélard est très élevée et très pure. Nos actes viennent de Dieu ; car il ne se peut qu'ils n'en viennent pas ; mais il nous laisse la faculté de ne pas obéir *pour que la vertu existe*, ce à quoi il tend ; car si la tendance au mal n'existait pas il n'y aurait pas possibilité d'effort contre le mal, point d'efforts, donc point de vertu ; Dieu, qui ne peut pas être vertueux, puisqu'il ne peut pas être tenté par le mal, peut être vertueux dans l'homme et c'est pour cela qu'il lui laisse la tendance au mal pour qu'il en triomphe et qu'il soit vertueux et que la vertu existe ; si même il nous induisait lui-même en tentation, sa tendance serait la même ; il ne nous y induirait que pour nous donner l'occasion de la lutte et de la victoire et donc pour que la vertu existât ; la possibilité du péché est la condition de la vertu et par conséquent même en admettant cette possibilité et surtout en l'admettant, Dieu est vertueux.

L'acte mauvais du reste n'est pas ce qu'il y a de plus considérable comme criminalité ; comme mérite ou démérite, l'intention vaut l'acte et celui-là (ceci est de l'Évangile pur et simple) est criminel qui a eu l'intention de l'être.

Abélard est peut-être le plus libre esprit et le plus grand du moyen âge entier. Il faut encore nommer après ces grands noms Hugues de Saint-Victor, mystique un peu obscur, d'origine allemande ; le non moins mystique Richard qui, très persuadé que l'on n'atteint pas Dieu par le raisonnement, mais par le sentiment, enseigne à s'élever vers lui par un détachement de soi-même et par six degrés : de renoncement, d'élévation, d'élan, de précipitation, d'extase et d'absorption.

Hugues de Saint-Victor Richard

CHAPITRE II

TREIZIÈME SIÈCLE

INFLUENCE D'ARISTOTE
IL EST ADOPTÉ PAR L'ÉGLISE
PHILOSOPHIE RELIGIEUSE DE SAINT THOMAS D'AQUIN

*Aristote
et l'Église*

A PARTIR du XIIIe siècle, Aristote, complète-ment connu et traduit en latin, fut adopté par l'Église et devint comme son vicaire laïque. Elle le considéra et, je crois, avec raison, comme le moins dangereux pour elle des penseurs grecs et comme celui à qui l'on pouvait laisser tout l'enseignement scientifique en se réservant tout l'enseignement religieux. Aristote, en effet, *préservait de Platon*, dans lequel on trouve toujours quelques germes d'adoration du monde ou quelques pointes de ce côté, dans lequel on trouve aussi un certain polythéisme très déguisé ou plutôt très épuré, mais réel encore et dangereux, et du moment qu'il fallait choisir, ce fut Aristote que l'on toléra et que l'on finit par investir.

*Saint Thomas
d'Aquin*

Il faut citer comme théologiens aristotéliciens Guillaume d'Auvergne, Vincent de Beauvais, Albert le Grand ; mais le nom souverain de cette période de l'histoire de la philosophie est saint Thomas d'Aquin. Saint Thomas d'Aquin a écrit plusieurs petits ouvrages, mais, dominant tout, la

Somme (encyclopédie) qui a gardé son nom. En philosophie générale, saint Thomas d'Aquin est un aristotélicien pliant les idées d'Aristote, sans les dénaturer, aux conceptions chrétiennes. Il démontre Dieu, comme Aristote, par l'existence du mouvement et la nécessité d'un premier moteur ; il le démontre encore par le caractère contingent, rélatif, imparfait de tout ce qui est ici-bas : « Il y a dans les choses du *plus ou moins* bon, du *plus ou moins* vrai... » Mais nous n'affirmons le plus ou moins d'une chose qu'en la comparant avec quelque chose d'absolu et selon qu'elle se rapproche plus ou moins de cet absolu ; il y a donc un être absolu, c'est Dieu — et cet argument lui paraît meilleur que celui de saint Anselme qu'il réfute.

Il montre la nature entière comme une grande hiérarchie allant du moins parfait et du plus informe au plus achevé et au plus déterminé ; à un autre point de vue comme séparée en deux grands règnes, celui de la nécessité (minéraux, végétaux, animaux), celui de la grâce (humanité). Il la montre voulue par Dieu, projetée par Dieu, créée par Dieu ; gouvernée par Dieu selon des volontés antécédentes et des volontés conséquentes, c'est-à-dire par des volontés générales (Dieu veut que l'homme soit sauvé) et des volontés particulières (Dieu veut que le pécheur soit puni) et l'ensemble des volontés générales c'est la création et la suite de toutes les volontés particulières, c'est la Providence. La nature et l'homme avec elle sont l'œuvre, non seulement de Dieu puissant, mais de Dieu bon et c'est par amour qu'il nous a créés et il faut lui rendre

Sa conception de la nature

(65)

amour pour amour et c'est ce que fait la nature elle-même involontairement par son obéissance à ses lois et c'est ce que nous devons faire volontairement par obéissance à ses commandements.

L'âme

Notre âme est immatérielle et *plus complète* que celle des animaux; car saint Thomas ne refuse pas formellement une âme aux animaux; l'instinct des animaux c'est l'âme sensitive d'Aristote, qui est capable de quatre facultés : sensibilité, imagination, mémoire et *estimation*, c'est-à-dire intelligence élémentaire : « L'oiseau amasse de la paille, non pour ce qu'elle délecte ses sens [non par mouvement de sensibilité] mais parce qu'elle lui sert à faire son nid. Il est donc nécessaire que l'animal perçoive ces intuitions qui ne tombent pas sous les sens. C'est par opinion ou estimation qu'il perçoit ces intuitions, ces fins lointaines... » Nous, hommes, nous avons une âme qui est sensibilité, imagination, mémoire et raison. La raison est la faculté non seulement d'avoir des idées, mais d'établir entre les idées des rapports et des enchaînements de rapports et de concevoir des idées générales. La raison s'arrête en deçà de Dieu parce que l'idée de Dieu précisément est la seule qui ne peut pas être amenée en l'esprit par des rapports entre les idées, Dieu dépassant toutes les idées; l'idée de Dieu est donnée par la foi, que du reste la raison peut aider ensuite, la raison pouvant travailler à rendre la foi sensible à la raison.

Notre âme est pleine de passions qu'on peut diviser en deux grandes catégories : les passions de désir et les passions de colère. Les passions de désir sont des mouvements très vifs ou violents vers quelque chose qui nous paraît un bien ; les passions de colère sont des mouvements de révolte contre quelque chose qui s'oppose à notre mouvement vers un bien. La racine commune de toutes les passions est l'amour, car il va sans dire que c'est de lui que dérivent les passions de désir et pour ce qui est des passions de colère elles n'existeraient pas si nous n'avions d'amour pour rien, auquel cas notre désir n'étant pas heurté ne se convertirait pas en révolte contre l'obstacle. Nous sommes libres de faire le bien ou de faire le mal, de maîtriser nos passions mauvaises et de suivre celles que la raison approuve. Ici reparaît l'objection de la connaissance que Dieu doit avoir par avance de nos actes : si Dieu prévoit nos actions nous ne sommes pas libres, si, libres, nous agissons contrairement à ses prévisions, il n'est pas tout-puissant. Saint Thomas y répond ainsi : « Il n'y a pas prévision, il y a vision, parce que nous sommes dans le temps et Dieu dans l'éternité. Il voit d'un seul regard et instantanément le passé, le présent et l'avenir. Donc il ne prévoit pas, il *voit* et cette vision ne gêne pas la liberté humaine, non plus que d'être *vu* agissant ne vous empêche d'agir. De ce que Dieu connaît nos actions après que nous les avons faites, personne ne dira que cela nous empêche de les avoir faites en pleine liberté ; or qu'il les connaisse avant c'est la même chose que les connaître après, parce que pour lui, avant, pendant et après sont le même moment. » Cela paraît subtil et ne l'est point, revenant à dire que quand on parle de Dieu il ne faut pas parler de temps, Dieu étant en dehors du temps comme de l'espace.

La morale de saint Thomas

La morale de saint Thomas, très détaillée, très circonstanciée, peut se résumer ainsi : Il y a dans la conscience, 1° un acte intellectuel qui est la distinction du bien et du mal ; 2° un acte de volonté qui nous porte vers le bien. Cette puissance pour le bien nous pousse à pratiquer les vertus. Il y a des vertus humaines, celles que les philosophes anciens ont très bien connues : tempérance, courage, sagesse, justice et elles conduisent au bonheur terrestre ; il y en a de divines, inspirées à l'homme par Dieu et qui sont la foi, l'espérance et la charité et elles conduisent au bonheur éternel. Nous pratiquons les vertus quand nous avons bonne volonté, parce que nous sommes libres, mais notre liberté et notre volonté ne suffiraient pas : il faut que Dieu nous aide et c'est la *grâce*.

La foi et la raison.

Sur la question des rapports de la raison et de la foi, saint Thomas d'Aquin reconnaît ou bien plutôt proclame que jamais la raison ne démontrera la foi, que les vérités révélées, trinité, péché originel, grâce, etc., sont au-dessus de la raison, la dépassent infiniment. Comment donc croit-on ? Par volonté aidée de la grâce de Dieu. La foi est un acte de volonté que Dieu soutient. Dès lors il ne faut faire aucun appel à la raison ? Si bien ! La raison sert à réfuter les erreurs des adversaires de la foi et par cette réfutation à se confirmer soi-même danssa créance. Le fameux *Credo ut intelligam*, — je crois pour pouvoir comprendre — est donc très vrai. On ne peut comprendre qu'à la condition de croire ; mais ensuite comprendre aide à croire, sinon davantage, du moins avec une précision plus grande et comme en une lumière plus abondante. Saint Thomas d'Aquin est ici exactement dans la même position qu'il semble bien qu'ait prise Pascal. Croyez et vous comprendrez; comprenez et vous croirez plus distinctement. Donc un acte de volonté : « Je veux croire »; — une grâce de Dieu fortifiant cette volonté; la foi existe ; — des études et des raisonnements ; la foi est plus claire.

A côté de ces hommes de haute raison nous rencontrons au xiiie siècle des mystiques, c'est-à-dire des poètes et des bizarres, les uns et les autres, du reste très intéressants. C'est saint Bonaventure qui persuadé, à peu près comme un Alexandrin, que l'on s'élève à Dieu par le sentiment synthétique et non par des séries d'arguments, et qu'on s'*achemine* vers lui par des états d'âme de plus en plus purs et de plus en plus passionnés, écrivit l'*Itinéraire de l'âme à Dieu* qui est comme un manuel de mysticisme. Erudit, du reste, il n'en faisait pas moins, chemin faisant, des excursions agréables et instructives dans le domaine de la connaissance réelle.

Très différent de lui et scolastique effréné, Raymond Lulle ou de Lulle, en son *Ars magna*, inventait une machine à raisonner, analogue à une machine arithmétique dans laquelle les idées se déduisent automatiquement les unes des autres, comme les chiffres s'inscrivent sur un compteur. Comme il arrive souvent l'excès de la méthode en était la critique et un ennemi de la scolastique n'aurait pas pu démontrer plus ingénieusement que la scolastique était une mécanique. Du reste, Raymond de Lulle était en même temps un savant, un naturaliste très informé et très curieux pour qui la science arabe n'avait pas de secrets. Avec cela poète, troubadour, orateur, homme très étrange et très séduisant. Il fut adoré et persécuté pendant sa vie et longtemps encore après sa mort eut des disciples enthousiastes.

Au même temps vivait l'homme que l'on se plaît à considérer généralement comme le lointain précurseur de la science expérimentale, Roger Bacon (qu'il ne faut pas confondre avec François Bacon, autre savant, mais d'un temps bien plus rapproché de nous). Roger Bacon, moine franciscain, s'occupa presque exclusivement de sciences physiques et de sciences naturelles. Il passa la plus grande partie de sa vie en prison pour cause de prétendue sorcellerie et surtout, peut-être, parce qu'il avait tympanisé les mauvaises mœurs de ses confrères. Il eut au moins le pressentiment de presque toutes les inventions modernes : poudre à canon, verres grossissants, télescope, pompe à air ; il fut un inventeur, formellement, en optique. Comme philosophe proprement dit, il dénonçait ce qu'il y avait de creux et de vide dans la scolastique ; détestant que l'on préférât « la paille des mots au grain des choses » et proclamant que le raisonnement « est bon pour conclure, non pour établir ». Sans découvrir la loi du progrès, comme on a trop dit, il lui arrivait de faire remarquer que l'antiquité étant la jeunesse du monde, ce sont les modernes qui sont les anciens, et cela voulait dire seulement que c'est à notre école que les anciens devraient s'instruire s'ils reve-

(70)

naient, que nous ne devons donc pas en croire aveuglément les anciens; et c'était une insurrection contre le principe d'autorité et contre l'idolâtrie d'Aristote. Il préconisait l'étude directe de la nature, l'observation et l'expérience et ensuite l'application du raisonnement et particulièrement du raisonnement mathématique à l'expérience et à l'observation. Avec tout cela il croyait à l'astrologie; car ceux qui devancent leur temps ne laissent pas d'en être toujours; mais c'était un très grand homme.

CHAPITRE III

QUATORZIÈME ET QUINZIÈME SIÈCLES

DÉCADENCE DE LA SCOLASTIQUE
PRESSENTIMENT DES TEMPS NOUVEAUX
GRANDS MORALISTES || LA « KABBALE » || MAGIE

Décadence de la scolastique

LE XIVe siècle marque la décadence de la scolastique, mais sans rien apporter de très nouveau. Le « réalisme » est généralement abandonné et le « nominalisme », c'est-à-dire cette cdée que les idées n'ont d'existence que dans les cerveaux qui les conçoivent, devient maître du ihamp de bataille. C'est ainsi que Durand de Saint-Pourçain reste célèbre pour avoir dit, ce qui est très audacieux à cette époque : « Exister, c'est être individuellement ». Guillaume d'Occam répète le mot en insistant : il n'y a de réel que l'individu. Cela allait loin, jusqu'à. au moins, tenir pour suspecte toute métaphysique et un peu toute théologie. Et en effet, *quoique très croyant*, Occam repoussait la théologie, conjurait l'Église de n'être pas savante, sa science ne prouvant rien et de se contenter de croire : « La science appartient à Dieu, aux hommes la foi ». Mais, ou plutôt d'autant plus, si les ministres de Dieu n'imposent plus par leur ambitieuse science, il faut qu'ils retrouvent tout leur empire sur les âmes par d'autres moyens et meilleurs. Il faut qu'ils soient des saints, il faut qu'ils reviennent à la pureté, à la simplicité, à la puérilité divine de l'Église primitive ; et ici il y avait comme un son avant-coureur de la Réforme.

Aussi bien Occam fut-il un des auxiliaires de Philippe le Bel dans sa lutte contre le Saint-Siège, fut excommunié et chercha asile auprès du duc de Bavière, adversaire du Pape.

Réalistes et nominalistes continuèrent à se combattre, quelquefois même matériellement, jusqu'au milieu du xve siècle. Mais le nominalisme gagna toujours du terrain, ayant pour représentants célèbres, entre autres, Pierre d'Ailly et Buridan ; l'un réussit à devenir chancelier de l'Université de Paris, l'autre eut le succès d'en devenir recteur. Buridan est resté célèbre par sa mort et par son âne également légendaires. D'après une ballade de Villon, Buridan aurait été trop aimé par Jeanne de Navarre, femme de Philippe le Bel, puis par son ordre « jeté dans un sac en Seine ». Le fait, d'après le rapprochement des dates, paraît impossible. D'après la tradition, pour faire comprendre soit la liberté d'indifférence, soit que les animaux sont de pures machines, Buridan aurait assuré qu'un âne entre deux corbeilles pleines d'avoine, placées l'une à sa gauche, l'autre à sa droite, à égale distance de lui, ne se déciderait jamais pour l'une ou pour l'autre et mourrait de faim. On ne trouve rien de pareil dans ses ouvrages, mais il a pu dire cela dans un cours et ses écoliers s'en souvenir et le transmettre comme un proverbe.

Buridan
La liberté
d'indifférence

(73)

Pierre d'Ailly, très grand personnage ecclésiastique, grand-maître du collège de Navarre, chevalier de l'Université de Paris, cardinal, chef dans les discussions des conciles de Pise et de Constance, réformateur très décidé des mœurs et coutumes de l'Église, n'avait pas une très grande originalité comme philosophe, mais soutenait les doctrines déjà connues du nominalisme avec une puissance de dialectique extraordinaire.

Il eut parmi ses élèves Gerson, chancelier lui aussi de l'Université de Paris, réformateur lui aussi très zélé et très énergique, ennemi plus déclaré encore et de la scolastique et du mysticisme et de l'ascétisme outré et de l'astrologie éminemment moderne dans le meilleur sens du mot et qui eut des ennemis religieux et politiques qui l'honorent. Il a écrit beaucoup de petits livres de vulgarisation scientifique, religieuse et morale. On lui a longtemps attribué l'*Imitation de Jésus-Christ* qui, tout compte fait, ne lui ressemble guère ; mais qu'il aurait très bien pu écrire dans sa vieillesse, dans sa retraite, dans le silence paisible et résigné des Célestins de Lyon.

Dès le xve siècle la Renaissance s'annonce, en philosophie comme en littérature, par une résurrection du platonisme. Mais c'était encore un platonisme singulièrement compris, mélange bizarre et dont on ne voit pas bien distinctement les origines (cette époque ayant été du reste très peu étudiée) de pythagorisme et d'alexandrinisme. Alors il y eut un incroyable engouement pour la kabbale; doctrine longtemps secrète des juifs, couvée par eux en quelque sorte dans les ténèbres du moyen âge et où se retrouvent des traces des plus sublimes spéculations et des plus basses superstitions dè l'antiquité. Il y avait là une sorte de théologie panthéistique très analogue à celles des Porphyre et des Jamblique et des procédés de magie mêlée d'astrologie. Les kabbalistes croient que le sage qui, par sa science astrologique s'est mis en rapport avec les puissances célestes, peut s'asservir la nature, changer le cours des phénomènes, faire des miracles. La kabbale fait partie de l'histoire du merveilleux et des sciences occultes plus que de l'histoire de la philosophie. Cependant de vrais savants s'y initièrent et s'en entêtèrent, le prodigieux Pic de la Mirandole, Reuchlin, non moins extraordinaire comme humaniste et hébraïsant et qui courait grand risque entre les mains de l'inquisition de Cologne si Léon X ne l'avait sauvé. Cardan (mathématicien et médecin) fut un des savants de cette époque les plus pénétrés de kabbalisme. Il croyait à une sorte d'infaillibilité du sens intime, de l'intuition et traitait de vanités les sciences qui procèdent par lentes opérations rationnelles. Il se croyait mage et magicien. Il disait de lui avec vanité le plus grand bien et avec cynisme le plus grand mal. On a douté de sa sincérité et aussi de sa raison.

Voici encore Paracelse et Agrippa. Paracelse comme Cardan, croit à la lumière intense bien supérieure à la bestiale raison et fait songer à certaine philosophie de l'intuition toute contemporaine. Lui aussi se croyait magicien et médecin, guérissait par l'application de l'astrologie à la thérapeutique. Agrippa fit de même avec des fan-

Magie

(75)

taisies plus étranges encore, sceptique absolu,
puis passant du mysticisme à la magie, à la démo-
nologie, ayant de son temps et ayant gardé dans
les siècles suivants la réputation d'un diable fait
homme.

CHAPITRE IV

SEIZIÈME SIÈCLE

IL EST ASSEZ JUSTE DE CONSIDÉRER
LE MOYEN AGE AU POINT DE VUE PHILOSOPHIQUE
COMME SE PROLONGEANT JUSQU'A DESCARTES.
LIBRES PENSEURS PLUS OU MOINS DÉGUISÉS
PARTISANS DE LA RAISON EN DEHORS DE LA FOI
DE L'OBSERVATION ET DE L'EXPÉRIENCE

La liberté et même l'audace philosophique augmentent rapidement. Des aristotéliciens très experts et très convaincus s'attachent, soit par simple amour de la vérité soit dans un dessein plus secret, à démontrer à quel point Aristote, à le bien lire, est opposé aux vérités que l'Église enseigne. Par exemple Pomponace fait éclater que rien de ce que l'on peut tirer d'Aristote ne conclut à l'immortalité de l'âme, qu'il y croit, lui, personnellement, de tout son cœur, mais qu'Aristote n'y croit point et qu'il faut choisir entre l'Eglise et Aristote ; que sans l'immortalité de l'âme à la vérité il n'y aurait pas de récompenses d'outre tombe, que c'est parfaitement son avis, mais que qui voudrait excuser Aristote pourrait dire que c'est précisément l'existence des peines et des récompenses qui empêche la vertu d'être, qui ôte la vertu, puisque le bien que l'on fait en vue d'une récompense ou par crainte d'une peine n'est plus le bien ; que, toujours d'après Aristote, il ne peut pas y avoir de miracles, que lui Pomponace croit à tous les miracles consignés aux livres saints ; mais qu'Aristote n'y aurait pas cru, n'y aurait pas pu croire et que cela est à considérer, non pas certes pour rejeter la croyance aux miracles, mais pour ne pas accorder à Aristote la confiance que depuis si longtemps on lui donne trop volontiers.

De même encore il reprenait l'éternelle question de la prescience de Dieu et de la liberté humaine et montrait que quoi qu'on en ait dit il faut choisir : ou nous sommes libres et Dieu n'est pas tout-puissant ou Dieu est tout-puissant et nous ne sommes pas libres. A supposer comme vraie cette dernière hypothèse pour laquelle il est évident que le philosophe penche, Dieu serait donc auteur du mal et auteur du péché ? Il n'est pas impossible que Dieu soit l'auteur du mal comme étant la condition du bien, car s'il n'y avait pas de mal il n'y aurait pas de bien ; ni qu'il soit l'auteur, non du péché, mais de la possibilité du péché pour que la vertu soit possible, n'y ayant point de vertu là où il est impossible de pécher ; mais, du reste, il y a là un mystère que la foi seule peut résoudre et qu'en tout cas Aristote n'a pas résolu ; donc ne nous reposons pas sur Aristote.

Ce libre penseur masqué, car il ne me semble pas être autre chose, est un des penseurs les plus originaux de l'époque intermédiaire entre le moyen âge et Descartes.

Ces audaces étaient quelquefois funestes à

leurs auteurs. Michel Servet, médecin espagnol
très savant qui peut-être a découvert avant
Harvey la circulation du sang, ne croyait pas à la
Trinité, ne croyait pas à la divinité de Jésus et,
en platonicien qu'il était, ne voyait d'autres
intermédiaires entre Dieu et l'homme que les
idées. Persécuté par les catholiques, il se réfugia
à Genève, croyant Calvin plus tolérant que les
inquisiteurs et Calvin le fit brûler vif.

Vanini, un demi-siècle plus tard et c'est-à-dire
au commencement du xviie, homme du reste
remuant, vain et insolent, après une vie pleine de
péripéties et brillante du reste pour certains passages de son *De admirandis... arcanis* et pour
avoir dit qu'il ne dirait son opinion sur l'immortalité de l'âme que quand il serait vieux, juif et
allemand, fut brûlé vif à Toulouse.

Giordano Bruno, astronome et qui a, l'un des
premiers, affirmé le soleil comme centre du
monde, professait, malgré certaines précautions
prises, une doctrine qui confond Dieu avec le
monde et qui nie ou exclut la création. Giordano
Bruno fut arrêté à Venise en 1593, tenu sept ans
en prison et finalement brûlé à Rome en 1600.

Campanella, Italien également et qui passa
vingt-sept ans dans un cachot pour avoir conspiré contre les Espagnols maîtres de son pays et
qui mourut en exil à Paris en 1639, était en philosophie un sceptique ou plutôt un antimétaphysicien et, comme nous dirions de nos jours, un
positiviste. Il n'y a que deux sources de la connaissance : l'observation et le raisonnement. L'observation nous fait connaître les choses... Est-ce
vrai ? Les sensations que nous avons des choses

ne pourraient-elles pas être une simple fantasmagorie ? Non, car nous avons un sens interne, un sens de nous-même qui ne peut pas nous tromper et qui nous affirme que nous sommes (c'est déjà le *Cogito* de Descartes) et qui du même coup affirme qu'il y a des choses qui ne sont pas nous, de sorte qu'en même temps le moi et le non moi sont établis. Oui, mais ce non moi est-il réellement ce qu'il nous paraît ? Il est ; soit ; mais qu'est-il et pouvons-nous savoir ce qu'il est ? Non sans doute et le scepticisme ici est inconcussible ; mais de ce qu'il y a certitude de l'existence du non moi il y a présomption que nous pouvons le connaître partiellement, relativement, très relativement, restant infiniment éloignés d'une connaissance absolue qui serait divine. Donc observons et expérimentons ; faisons « l'histoire » de la nature comme les historiens font l'histoire du genre humain. Et ceci est de la simple et ferme philosophie de l'expérience.

Mais Campanella, comme beaucoup d'autres, était un antimétaphysicien possédé du démon métaphysique et après avoir recommandé impérieusement de n'écrire que l'histoire de la nature il en a lui aussi écrit le roman. Tout être, nous dit-il (et du reste c'est très beau), existe à la condition de pouvoir exister et à la condition qu'il y ait une idée dont il sera la réalisation et à la condition que la nature veuille le créer. En d'autres termes la nature peut, sait ce qu'elle veut et veut. Or, tous les êtres, plus ou moins selon leur perfection et imperfection, se sentiront de cette triple condition de pouvoir, savoir, vouloir. Tout être peut, sait et veut, même la matière inorganique (ceci est déjà le monde comme volonté et représentation de Schopenhauer) et Dieu est seulement l'absolue puissance. l'absolu savoir et la volonté absolue. C'est pour cela que toute chose créée tend vers Dieu et veut y retourner comme à son principe et comme à la perfection de ce qu'elle est ; l'Univers à la nostalgie de Dieu.

Campanella fut aussi, comme nous dirions de nos jours, un sociologue. Il fit sa « République » comme Platon avait fait la sienne. La « République » de Campanella s'appelle la *Cité du Soleil*. C'est une république communautaire mêlée d'aristocratie avec « pouvoir spirituel » et « pouvoir temporel » dans la manière un peu d'Auguste Comte. Campanella fut un très grand semeur d'idées.

François Bacon, avocat, membre du Parlement, grand chancelier d'Angleterre, ami personnel de Jacques Iᵉʳ, ami, protecteur, peut-être collaborateur de Shakspeare, renversé par suite d'animosités politiques et rentré dans la vie privée, était un très grand savant et un merveilleux esprit. Comme son homonyme Roger Bacon, mais dans un temps plus favorable à la réforme intellectuelle, il tenta une sorte de renouvellement de l'esprit humain (*instauratio magna*) tout au moins une révolution radicale dans les méthodes et procédés de l'esprit humain. Il ne faut pas se reposer sur les anciens (quelque admiration que F. Bacon professe pour beaucoup d'entre eux) parce qu'ils n'observaient pas assez ; il ne faut pas, comme les scolastiques, avoir des idées *a priori* qui sont des *idoles* et il y a des

François Bacon

(81)

idoles de clan, des idoles de parti, des idoles
d'école, des idoles de temps ; il ne faut pas voir
des intentions partout dans la nature et parce que
le soleil chauffe, croire qu'il a été créé pour
chauffer et parce que la terre nourrit, croire
qu'elle a été créée pour nous nourrir et voir le
monde entier convergeant à l'homme et mis à
son service. Il faut procéder par observation, par
expérience et ensuite par induction, mais en se
défiant prodigieusement de l'induction. L'induction consiste à conclure du particulier au général,
d'un certain nombre de faits à une loi. C'est
légitime à la condition que l'on ne conclue pas de
quelques faits à une loi, ce qui est l'induction
précipitée, féconde en erreurs ; mais d'un très
grand nombre de faits à une loi, considérée
encore comme provisoire. Quant à la métaphysique, quant à la recherche de *la loi* universelle
elle doit être absolument séparée de la philosophie proprement dite, de la « philosophie première » qui n'y conduit pas ; elle aura son
domaine à part qui sera celui de la foi : « donnez
à la foi ce qui appartient à la foi ». Au fond il se
désintéresse de la métaphysique, croyant qu'elle
tournera toujours dans le même cercle et je ne
dis pas ne croit qu'à la science et à la méthode,
mais n'espère qu'en la science et en la méthode,
enthousiaste, du reste, à cet égard comme un
autre peut l'être pour le monde suprasensible
ou pour les idées, disant : « autant nous savons,
autant nous pouvons » et estimant que la science
soustraira l'humanité à tous les maux, prolongera
la vie humaine, établira un nouvel âge d'or, etc.

Et qu'on n'appréhende pas, éternelle et vaine

crainte, que la science fasse disparaître le sentiment religieux. Avec une profonde conviction et en jugeant par lui-même, Bacon dit : « Un peu de science éloigne de Dieu, beaucoup de science y ramène ». Telle est la vraie philosophie, *soumise à l'objet*, attentive à l'objet, qui écoute les voix du monde et ne songe qu'à la traduire en langage humain : « Elle est la vraie philosophie, celle qui rend les voix du monde, le plus fidèlement possible, comme un écho, qui écrit comme sous la dictée du monde lui-même, n'y ajoute rien de son propre et seulement répète et *résonne.* »

Et comme on est toujours de son temps il croyait à l'alchimie et à la possibilité de changer des corps vils en or. Mais remarquez comment il l'entend : « Créer une nature nouvelle dans un corps donné ou produire des natures nouvelles et les y introduire... Qui connaîtrait les procédés nécessaires pour produire à volonté : couleur jaune, pesanteur spécifique, ductilité, fixité, fluidité, et la manière de produire ces qualités à différents degrés, prendre les mesures nécessaires pour réunir toutes ses qualités dans son corps d'où s'ensuivra sa transformation en or. » Et la chimie moderne, avec des procédés scientifiques très analogues à ceux que Bacon indique ou prévoit, n'a pas fait de l'or, ce qui du reste n'est pas très utile, mais elle a fait mieux.

A l'extrême fin du xviᵉ siècle, également en Angleterre Thomas Hobbes commençait à penser. Il fut surtout un littérateur et un sociologue ; il a traduit Thucydide et Homère, il a écrit *Leviathan ou la matière, la forme et le pouvoir de l'État* qui est un manuel de despotisme, démontrant que tous les hommes dans l'état naturel étant des loups les uns à l'égard des autres, ils échappent à cette destinée fâcheuse en se soumettant au prince qui a tous les droits puisqu'il sauve à chaque instant ses sujets de la mort et qui par conséquent peut imposer à ses sujets tout ce qu'il veut, même des dogmes scientifiques, même des croyances religieuses. Mais seulement à le considérer comme philosophe proprement dit, il a une place très considérable dans l'histoire des idées. Hobbes, comme Fr. Bacon, mais plus rigoureusement et impérieusement, commence par séparer la métaphysique et la théologie de la philosophie. La philosophie c'est l'art de penser. Or ce qui n'est pas sensible, esprits, âmes, Dieu, ne peut pas être pensé, il ne peut être que cru ; le philosophe ne nie point tout cela, mais ne s'en occupe pas. C'est tout le positivisme qui est établi en principe. Or ce que nous pouvons penser, c'est ce que nous sentons. Les choses ne nous sont connues que par les sensations ; une pensée est une sensation ; l'esprit humain est un composé de sensations.

— Non ; car je puis penser une chose sans la voir, ni sentir, ni entendre, etc.

— C'est que nous avons la mémoire qui, du reste, est elle-même une sensation ; c'est une sensation qui se prolonge ; se souvenir c'est sentir qu'on a senti ; c'est sentir une sensation ancienne que le cerveau est capable de conserver. Or nous ne pensons qu'en combinant des sensations présentes avec des sensations présentes ou, bien entendu beaucoup plus souvent, grâce à la mémoire, en combinant des sensations présentes avec des sensations anciennes ou des sensations anciennes avec des sensations anciennes. Base fragile, du reste, de la connaissance et de la pensée, car la sensation n'est qu'une modification de nous-même à l'occasion d'un objet extérieur et par conséquent ne nous donne rien du tout de l'objet extérieur, et tout le monde extérieur en lui-même nous est éternellement inconnu ; mais nous combinons entre elles les illusions que le monde extérieur dépose en nous par l'intermédiaire, trompeur ou douteux, de nos sens.

Quand la sensation, ainsi combinée avec d'autres sensations est devenue pensée, les idées commencent à être. Elles sont des produits de la sensation détachés de la sensation. Elles s'associent entre elles par des lois obscures que l'on entrevoit cependant. Elles se réveillent et s'appellent en quelque sorte l'une l'autre ; toutes les fois que reparaît une idée antérieurement acquise, elle est suivie de la pensée qui l'accompagnait quand elle fut acquise. Dans une conversation il est question d'un traître. Quelqu'un demande quel était la valeur du denier antique. Cela paraît incohérent ; c'est une association d'idées très naturelle et même très simple, où il y a très peu d'intermédiaires : la personne qui écoutait, à propos de traître, a songé à Judas qui est le premier traître dont elle ait entendu parler et aux trente deniers qui furent le prix de la trahison de Judas. L'association des idées est plus ou moins serrée, plus ou moins lâche ; elle est désordonnée dans le rêve, irrégulière dans la rêverie, serrée dès qu'elle est dominée et par conséquent dirigée par une fin poursuivie, un but cherché ; parce qu'alors, il y a un désir d'aboutir qui n'associe rien par lui-même ; mais qui, éliminant toutes les idées qui ne sont pas pertinentes au but poursuivi, ne laisse s'associer que celles qui y ont rapport.

Ne voyant dans l'âme humaine que des mouvements successifs provenant de ces premiers mouvements qui sont les sensations, Hobbes ne nous croit pas libres de faire ce que nous voulons ; nous sommes seulement entraînés par le mouvement le plus fort de nos mouvements intérieurs : désir, crainte, aversion, amour, etc. Cependant nous délibérons ; nous envisageons différents partis à prendre et nous nous décidons pour celui que nous voulons choisir. Mais non, nous ne délibérons pas ; nous croyons délibérer. La délibération n'est qu'une succession de différents sentiments et à celui qui l'emporte nous donnons le nom de volition. « Dans la délibération [prétendue] le dernier désir ou la dernière crainte se nomme volonté. » La liberté n'existe donc pas, non plus chez les hommes que chez les animaux ; la volonté et le désir ne sont qu'une même chose considérée sous des aspects différents.

La morale utilitaire

Dès lors, il n'y a plus de morale ; sans puissance de vouloir ceci et de ne pas vouloir cela il n'y a pas de morale possible? Hobbes répond par la *morale utilitaire* : ce que l'homme doit rechercher c'est le plaisir comme l'a pensé Aristippe, mais le plaisir vrai c'est-à-dire permanent et c'est-à-dire ce qui lui est utile. Or l'utile c'est d'être bon citoyen, bon sujet, sociable, serviable aux autres, soucieux de se concilier leur estime par sa bonne conduite, etc. La morale c'est l'intérêt bien entendu, et l'intérêt bien entendu se confond absolument avec la morale du devoir. Le criminel n'est pas un criminel, c'est un idiot; l'honnête homme n'est pas un honnête homme, c'est un homme intelligent. Notez ceci qu'en prêchant un homme au nom du devoir vous ne le convaincrez guère, tandis qu'en le prêchant au nom de son intérêt vous le convaincrez toujours.

Tout cela est assez sensé, mais du moment qu'il n'y a pas de liberté il ne peut pas y avoir de morale *même utilitaire*; car il est bien inutile de prêcher, même au point de vue de ses intérêts, un homme qui n'est qu'une machine entraînée par le poids le plus fort et s'il n'est que cela, le morigéner au point de vue de son intérêt ou au point de vue de la morale ou au point dé vue de l'amour de Dieu, sont choses qui sont la même chose et qui sont aussi absurdes les unes que les autres. Tout philosophe qui ne croit pas à la liberté humaine et qui écrit une morale est dans une contradiction perpétuelle.

TROISIÈME PARTIE

LES TEMPS MODERNES

CHAPITRE I

DIX-SEPTIÈME SIÈCLE

DESCARTES : LE CARTÉSIANISME

LE XVIIe siècle, qui a été le plus grand siècle philosophique des temps modernes et peut-être de tous les temps, débute par René Descartes. Descartes, né à La Haye en Touraine, en 1596, de famille noble (son vrai nom est des Quartes), fut élevé chez les Jésuites du collège de la Flèche, suivit pendant quelques années le métier des armes, s'adonna ensuite aux mathématiques et devint un des plus grands mathématiciens de l'Europe, voyagea par toute l'Europe pour son plaisir et son instruction, écrivit des livres de science et des livres de philosophie dont les plus célèbres sont les *Discours sur la méthode*, les *Méditations* et les *Règles pour la direction de l'esprit*, séjourna tantôt à Paris, tantôt en Hollande, et enfin à cinquante-quatre ans, malheureusement, séduit par les invitations flatteuses de la reine Christine de Suède, il se rendit à Stockholm où les rigueurs du climat eurent raison de

Descartes

lui en quatre mois. Il mourut en février 1650.

Il y a dans les ouvrages de Descartes un système général de philosophie, une psychologie et une méthode. Nous adoptons cet ordre parce que des trois choses c'est, dans Descartes, la troisième qui est la plus importante et qui a laissé les traces les plus profondes. Le fond du système de Descartes est la croyance en Dieu et en la bonté de Dieu. Je dis le fond et non pas le point de départ. Le point de départ est autre ; mais on verra assez que le fond est ce qui vient d'être dit. Le point de départ est ceci : je ne crois, provisoirement, à rien, ne voulant tenir nul compte de ce qu'on m'a appris. Je doute de tout. Y a-t-il quelque chose dont je ne puisse pas douter ? Oui ce me semble ; je ne puis pas douter que je doute. Or, si je doute, je pense, et si je pense je suis. Je suis, voilà une certitude.

Et arrivé là, Descartes est parfaitement arrêté ; car de la certitude que l'on est, on ne peut absolument rien tirer, si ce n'est la certitude que l'on est. Croirai-je par exemple que tout ce qui n'est pas moi existe ? Il n'y a aucune raison pour que je le croie. Le monde peut être un rêve. Mais si je crois en Dieu et en un Dieu de bonté parfaite, je pourrai croire à quelque chose en dehors de moi ; car Dieu ne pouvant pas se tromper ni me tromper, s'il me fait voir le monde extérieur, c'est que le monde extérieur existe. Voilà déjà trois choses que je crois : mon existence, l'existence de Dieu, l'existence de l'Univers. Laquelle de ces trois croyances est la fondamentale ? Évidemment celle qui n'est pas démontrée ; l'axiome est ce sur quoi l'on s'appuie pour démontrer tout excepté lui. Or de ces trois choses auxquelles

Descartes croit, l'une est démontrée, son existence, par l'impossibilité de se sentir ou penser sans se sentir être, l'autre est démontrée par l'existence d'un Dieu bon ; l'existence de Dieu bon n'est démontrée par rien. Elle est crue. Donc la croyance en Dieu bon est le fond de Descartes. Elle n'est pas intervenue pour qu'il s'évadât du *je suis* où il était enfermé ; elle existait certainement avant, et s'il y a eu recours c'est qu'elle existait auparavant. Sans cela il avait trop de probité intellectuelle pour l'inventer pour un besoin. Il l'avait donc et il l'a trouvée comme en réserve quand il s'est demandé s'il sortirait du *je suis*. C'est son fond, toute la suite achèvera de le prouver.

Quoique Descartes s'appuie sur Dieu comme sur son principe, il ne laisse pas de le prouver, et cela fait une pétition de principe, une chose prouvée par la chose à prouver. Car si Descartes n'a cru à quelque chose en dehors de lui qu'à cause de Dieu bon, cet être en dehors de lui, Dieu, il ne peut le prouver que parce qu'il existe un Dieu bon qui ne peut pas nous tromper et c'est donc Dieu prouvé par la croyance en Dieu. Voilà la pétition de principe. Descartes ne laisse pas de prouver Dieu, comme par surabondance et voilà encore ce qui montre bien que la croyance en Dieu est le fond même de Descartes. Après l'avoir pris pour base de raisonnement il le prend pour but de raisonnement et cela indique que l'idée de Dieu encercle pour ainsi dire sa pensée, et qu'à quelque point-limite que ce soit, de sa pensée, il le trouve.

Il le prouve donc, d'abord par un argument analogue à celui de saint Anselme qui est celui-

(91)

ci : nous, imparfaits et finis, nous avons l'idée d'un être parfait et infini ; nous ne sommes pas capables de cette idée. Il faut donc qu'elle nous vienne d'un être réellement parfait et infini et que cet être parfait existe.

Autre preuve, celle de Dieu considéré comme cause : 1° J'existe. Qui m'a fait ? Est-ce moi ? Non, si c'était moi je me serais donné toutes les perfections dont j'ai l'idée et qui me font singulièrement défaut. Il faut donc que ce soit un autre être qui m'ait créé. Ce sont mes parents ! Sans doute ; mais qui a créé mes parents et les parents de mes parents. On ne peut pas remonter de cause en cause indéfiniment et il en faut une première.

2° Même mon existence actuelle, mon existence de ce moment présent est-elle le résultat de mon existence d'hier ? Rien ne le prouve, et de ce que j'existais tout à l'heure, il n'y a pas nécessité que j'existe à présent. Il faut donc une cause à chaque moment, ou une cause continue. Cette cause continue c'est Dieu, et le monde entier est une création perpétuellement continuée et ne se comprend que comme création continuée et n'est explicable que par un créateur.

Le monde

Ainsi sûr de lui, de Dieu et du monde, Descartes étudie le monde et lui. Dans le monde il voit des âmes et de la matière ; la matière c'est la substance étendue, les âmes c'est la substance non étendue, la substance spirituelle. La substance étendue est douée de mouvements. Est-ce elle qui s'est donné le mouvement, sont-ce les corps qui se meuvent ? Non, ils sont mus. Quel est le premier moteur ? C'est Dieu. Les âmes sont des substances sans étendues et des forces motrices. A cet égard elles sont analogues à Dieu même. Elles sont unies au corps et agissent sur eux. Comment ? C'est un mystère impénétrable ; mais elles sont unies étroitement, substantiellement au corps, ce qui est prouvé par les douleurs physiques déprimant l'âme et les douleurs morales déprimant les corps ; et elles agissent sur eux, non point qu'elles créent des mouvements, car la quantité de mouvements est toujours la même ; mais elles dirigent les mouvements en tel sens ou tel autre. Les âmes étant spirituelles il n'y a pas de raison pour qu'elles se désagrègent c'est-à-dire meurent et en effet elles ne meurent pas.

C'est pour cela que Descartes tient extrêmement à ce que les animaux n'aient pas d'âme. S'ils avaient une âme elle serait spirituelle, elle ne serait pas susceptible de désagrégation et serait immortelle. « Il n'y a pas après l'athéisme de doctrine plus dangereuse et détestable que celle-là », mais les animaux n'ont pas d'âmes, sont de purs mécanismes ; Descartes s'efforce à le prouver par un grand détail et il échappe ainsi à la nécessité ou d'avouer immortelle l'âme des bêtes ce qui lui est odieux, ou, en les faisant périr avec les corps, d'essuyer l'objection : « N'en serait-il pas de même pour l'âme des hommes ? »

Cette âme humaine est douée de la liberté de faire bien ou de faire mal. Qui prouve cette liberté ? D'abord le sentiment intime que nous en avons. Toute idée évidente est vraie. Or non seulement nous avons l'idée de cette liberté, mais nous ne pouvons pas ne pas l'avoir. La liberté « se connaît sans preuves, par la seule expérience que nous en avons ». C'est dans le sentiment de

(93)

notre liberté, de notre volonté libre que nous nous saisissons nous-même comme être, comme chose qui n'est pas une chose. Le *moi* vrai c'est la volonté. L'homme, plus encore qu'un être intelligent, est un être libre et ne se sent homme qu'en se sentant libre, de sorte qu'il pourrait ne se pas croire intelligent, ne se pas croire sensible, etc., mais ne se pas croire libre serait pour lui un suicide moral et de fait il ne fait exactement rien qu'il ne se croie libre en le faisant, c'est-à-dire qu'il ne croie que, s'il le voulait, il pourrait ne pas le faire. Ceux qui disent « c'est simplement le sentiment du meilleur pour nous qui nous incline à faire ceci au lieu de cela » ont bien tort. Ils oublient que nous préférons souvent le plus mauvais pour nous prouver à nous-mêmes que nous sommes libres et par conséquent n'*ayant pour mobile que notre liberté même*. (Et c'est exactement ce que le philosophe contemporain a formulé ainsi : La volonté n'est ni déterminée ni indéterminée, elle est déterminante.) « Lors même qu'une raison fort évidente nous porte à une chose, quoique, moralement parlant il soit difficile que nous puissions faire le contraire, néanmoins, parlant absolument, nous le pouvons car il nous est toujours libre de nous empêcher de poursuivre un bien clairement connu... pourvu seulement *que nous pensions que c'est un bien de témoigner par là la vérité de notre libre arbitre.* » C'est absolument la pure et simple volonté d'être libre qui *crée une action*; c'est la liberté toute-puissante.

Comme on a très bien dit, relativement à l'univers la philosophie de Descartes est une philosophie mécanique; relativement à l'homme la philosophie de Descartes est une philosophie de la volonté. Comme on l'a fait remarquer aussi, il y a entre Corneille et Descartes de très grandes analogies au point de vue de l'apothéose de la volonté et les *Méditations* ayant paru après les grandes œuvres de Corneille, ce n'est pas que Corneille soit cartésien et ce serait plutôt que Descartes fût cornélien.

Descartes, tant dans son *Traité des passions* que dans ses lettres et aussi dans certains passages des *Méditations*, a écrit à peu près tout une psychologie. L'âme pense et elle a des passions. Elle pense : il y a trois sortes d'idées, les idées factices, les idées adventices et les idées innées ; les idées factices sont les idées que forme l'imagination, les idées adventices sont les idées que le monde extérieur nous suggère par l'intermédiaire des sens; les idées innées sont celles qui constituent notre esprit lui-même, les conditions selon lesquelles il pense et en dehors desquelles il ne peut pas penser : nous ne pouvons pas concevoir un objet non étendu, ni un objet qui n'est pas dans le temps, ni quelque chose qui soit sans cause ; les idées de temps, d'espace, de cause sont des idées innées ; nous ne pouvons pas nous concevoir nous-mêmes autrement que comme libres, l'idée de liberté est une idée innée.

L'âme a des passions; c'est en cela que, sans dépendre du corps, elle a avec lui un commerce intime et est modifiée par lui, non pas en son fond, mais en sa vie quotidienne. Il y a des opérations de l'âme que l'on n'appelle point proprement des passions et qui déjà, pourtant, sont sinon

*Psychologie
de Descartes*

(95)

la corruption de cette passion, qui constitue, si l'on veut l'appeler ainsi, une passion mauvaise et c'est ce que Descartes fait, passion par passion, dans le plus grand détail en son *Traité des passions*.

S'il en est ainsi, quel sera le rôle de l'âme (l'âme c'est la volonté)? Il sera de s'abandonner aux passions bonnes ou pour mieux dire à toutes les passions en ce qu'elles ont de bon et de ramener les passions à n'*être qu'elles-mêmes*. Dans le courage par exemple il y a le courage et la témérité. L'action de la volonté éclairée par le jugement consistera à ramener le courage à n'être que le courage. Dans la peur, il y a la lâcheté et il y a le sentiment de la conservation qui est selon Descartes le fond de la peur et qui est une très bonne passion. L'action de l'âme consistera à ramener la peur à la simple prudence.

Mais *comment* la volonté opérera-t-elle ces métamorphoses ou tout au moins ces départs, ces séparations, ces réductions à la juste mesure? *Directement* elle ne peut *rien* sur les passions; elle ne peut pas les *ôter*; elle ne peut même pas, d'elles, ôter la partie mauvaise; mais elle peut avoir de l'influence sur elles par l'intermédiaire du raisonnement; elle peut les amener à la considération attentive de la pensée qu'elles portent avec elles et par cette considération les modifier. Par exemple s'agit-il de la peur? L'âme fait considérer à la peur que le péril est beaucoup moindre qu'elle ne s'imagine et par là la ramener peu à peu à la simple prudence.

Remarquez que ce moyen, quoique indirect, est très puissant; car il finit par vraiment métamorphoser les passions en leurs contraires. Persuadez à la peur qu'il y a moins de péril à marcher en avant qu'à fuir et que la fuite la plus salutaire est la fuite en avant, vous avez changé la peur en courage. — Mais une telle influence de la volonté sur les passions est extraordinairement invraisemblable; elle n'aura jamais lieu. — Si ! Par l'habitude ! L'habitude aussi est une passion, ou si vous préférez un état passif, comme la mémoire, comme l'association des idées et il est des hommes qui n'ont que cette passion-là. Mais la volonté par les moyens que nous avons vu plus haut en imposant un acte, un premier acte, crée un commencement d'habitude, en en imposant un second confirme déjà l'habitude, en en imposant un troisième la renforce et ainsi de suite. En langage courant la volonté, en raisonnant les passions et en les raisonnant sans cesse, les ramène à ce qu'elles ont de bon et finit par les y ramener d'une façon permanente, si bien qu'elle en arrive à n'avoir que les passions qu'elle veut, ou si vous préférez, car c'est bien la même chose, à n'avoir que la passion du bien. La morale consiste à aimer les passions nobles, comme dira plus tard Vauvenargues, et c'est-à-dire à aimer toutes les passions, chacune en ce qu'elle a de bon, c'est-à-dire à réduire chaque passion à ce qu'elle a de bon en effet et c'est-à-dire à ramasser toutes les passions, dans une seule qui est la passion du devoir.

Comme nous l'avons dit, encore qu'il ait eu de l'influence par tout ce qu'il a écrit, c'est encore par sa méthode que Descartes a eu l'action la plus grande et surtout la plus durable et c'est pour cela que nous terminons par l'examen de sa méthode.

La méthode de Descartes

Elle tient toute dans un mot : n'accepter comme vrai que ce qui est évident ; accepter pour vrai tout ce qui est évident. Descartes fait donc de l'évidence la pierre de touche de la certitude. Mais remarquez bien et c'est ici l'esprit profond de cette méthode : qu'est-ce qui m'assurera de l'évidence de telle ou telle idée ? Comment saurai-je que telle idée m'est bien réellement évidente ? Est-ce que je la vois en pleine clarté ? Non, cela ne suffit pas ; l'évidence peut être trompeuse ; il peut y avoir une fausse évidence ; toutes les idées fausses des anciens philosophes, sauf quand ils étaient des sophistes, ont parfaitement eu pour eux le caractère de l'évidence. Pourquoi ? Pourquoi l'erreur se présente-t-elle à l'esprit comme une vérité évidente ? Parce que le jugement, en vérité, en profonde vérité, ne dépend pas de l'intelligence. Et de quoi dépend-il donc ? — De la volonté, de la volonté libre. Voici comment. L'erreur dépend, sans doute, de notre jugement mais le jugement dépend de notre volonté en ce sens qu'il dépend de nous d'adhérer à notre jugement sans qu'il soit suffisamment net ou de n'y pas adhérer parce qu'il n'est pas suffisamment net : « Si je m'abstiens de donner mon jugement sur une chose lorsque je ne la conçois pas avec assez de clarté et de distinction, il est évident que je ne serai pas trompé ». L'évidence n'est donc pas seulement une chose de jugement, d'entendement, d'intelligence, elle est une chose de volonté énergique et de liberté courageusement acquise. Nous sommes devant l'évidence lorsque, avec un cerveau sain, nous sommes capables pour accepter ou refuser ce qu'il nous propose d'agir « de telle sorte », de nous être mis dans un tel état d'âme que nous sentons « qu'aucune force extérieure ne nous contraint à penser de telle ou telle façon ».

Ces forces extérieures sont autorité, préjugés, intérêt personnel ou de parti. La faculté de sentir l'évidence est donc le triomphe et du jugement sain par lui-même et d'une liberté d'esprit qui, supposant la probité, le scrupule et le courage et peut-être le plus difficile des courages, suppose une profonde et forte moralité. L'évidence n'est donnée qu'aux hommes qui d'abord sont très intelligents, ensuite ou plutôt avant tout sont profondément honnêtes. L'évidence n'est pas une conséquence de la moralité ; mais la moralité est la *condition* de l'évidence.

Voilà le fond de la méthode de Descartes ; ajoutez-y des conseils sur l'art de raisonner qui déjà à son époque n'étaient point du tout nouveaux; mais qui chez lui sont très précis : ne point généraliser trop vite, ne point se payer de mots et sous chaque mot voir sa définition, etc., et vous en aurez une idée suffisante.

Or 1° à cette méthode Descartes a été infidèle, comme il arrive toujours et très souvent a pris les suggestions de sa magnifique imagination pour des évidences de sa raison ; 2° la pierre de touche d'évidence est certainement la meilleure, mais tant s'en faut qu'elle soit infaillible et Vico s'en est moqué avec autant de raison que d'esprit et l'esprit le plus libre du monde peut encore trouver évident des choses fausses ; 3° mais, favorisant la libre recherche, autonome, individuelle, dédaigneuse de toute autorité, la méthode de Descartes est devenue un programme, une devise et comme un drapeau pour toute la philosophie moderne.

Descartes père de la philosophie moderne

Et de tout cela est résulté : que toute la philosophie moderne, à peu d'exceptions près, a reconnu en Descartes son père — que l'évidence individuelle, si l'on peut s'exprimer ainsi, favorisant la témérité et chacun se croyant d'autant plus dans la vérité qu'il différait des autres et par conséquent ne pouvait pas se soupçonner soi-même de subir des influences, l'évidence individuelle est devenue une nouvelle occasion de se tromper ; — enfin que Descartes, par une métamorphose qui n'est pas très rare, de par sa méthode qu'il n'a pas suivie, est devenu le chef ou l'ancêtre vénéré des doctrines qu'il aurait détestées et qu'il détestait déjà le plus. Parce qu'il a dit que l'évidence seule et la libre recherche de l'évidence conduisent à la vérité, il est devenu l'ancêtre des sceptiques qui sont persuadés qu'il ne faut se rendre qu'à l'évidence et que l'évidence n'est nulle part ; et il est devenu l'ancêtre des positivistes qui croient qu'il y a évidence quelque part sans doute, mais nullement en métaphysique, en théodicée, en connaissance de l'âme, de l'immortalité et de Dieu, connaissances qui dépassent nos moyens de connaître, connaissances qui sont en dehors de la connaissance. De sorte que cet homme qui a imaginé plus que tout homme, cet homme qui a construit si souvent sans fondement certain et cet homme encore, comme on a dit si bien, qui a toujours pensé par idées innées, de par sa formule est devenu le maître et surtout le garant de ceux qui sont les plus réservés et les

plus défiants en fait de construction philosophique et d'idées innées et d'imagination. — Cela
n'ôte rien à son éclatant mérite ; c'est seulement
un de ces revîrements dont l'histoire des idées
abonde.

CHAPITRE II

CARTÉSIENS

L'influence cartésienne

PRESQUE tout le xviie siècle fut cartésien et dans le sens général du mot, non pas seulement comme partisan de la méthode d'évidence, mais comme adhérent à la philosophie générale de Descartes. Gassendi (provençal et non italien), professeur de philosophie à Aix, puis à Paris, ne fut pas, à la vérité, un disciple fidèle de Descartes et il le combattit plusieurs fois ; il penchait vers Épicure et la doctrine des atomes ; il se rapproche de Hobbes, mais il était aussi fervent admirateur de Bacon et par là touchait à Descartes qui, du reste, tout en souffrant impatiemment ses piqûres l'estimait très fort. A l'exemple d'Épicure il était le plus sobre et le plus austère des hommes et dans le sens du mot selon l'usage vulgaire, de Descartes et de lui, c'est Descartes qui serait plutôt l'épicurien. D'après une tradition selon moi insuffisamment établie il a été le professeur de Molière.

Tous les penseurs du xviie siècle ont subi plus ou moins profondément l'influence carté-

(104)

sienne, Pascal, Bossuet, Fénelon, Arnauld et tout le Port-Royal. Cette influence ne devait diminuer qu'au xviii° siècle, quoique entretenue par l'impénitent Fontenelle, mais contrepesée par celle de Locke, pour reparaître très fort en France au xix° siècle dans l'école de Maine de Biran et de Cousin.

Une place à part est à faire aux cartésiens presque aussi grands que Descartes qui ont rempli le xvii° siècle de leur nom, le Français Malebranche, le Hollandais Spinoza et l'Allemand Leibniz. Poussant plus loin les idées de Descartes que Descartes n'aurait voulu sans doute qu'on les poussât, de ce que Descartes avait dit que ce n'est que *par Dieu* que nous voyons juste, Malebranche assura que ce n'est qu'*en Dieu* que nous voyons juste et au fond c'est exactement la même idée ; on peut seulement trouver que chez Malebranche elle est plus précise : « Dieu seul est connu par lui-même [est cru sans incertitude] il n'y a que lui que nous voyions d'une vue immédiate et directe ». Tout le reste nous le voyons, en lui, en sa lumière, dans la lumière qu'il fait en notre esprit. Quand nous voyons, c'est que nous sommes en lui. L'évidence c'est la clarté divine. Il est le lien des idées. (Et ainsi Malebranche rapprochait Platon de Descartes et marquait que, sans que ce dernier s'en doutât, ils disaient la même chose.) Dieu est toujours cause et comme il est cause de tous les objets réels il est cause aussi de toutes les vérités et comme il est partout dans les objets réels il est partout aussi dans les idées vraies que nous pouvons avoir ou plutôt auxquelles nous pouvons participer. Quand nous cherchons une

Malebranche

(105)

vérité sans y songer nous prions ; l'attention est une prière.

De même, de ce que Descartes avait dit que l'univers est une création continue, Malebranche induit ou plutôt conclut que nos pensées et nos actions sont des actes de Dieu. Il n'y a pas action du corps sur notre âme pour produire des idées ; cela serait inconcevable ; mais *à l'occasion* de la rencontre de notre œil, par exemple, avec un objet Dieu nous donne une idée conforme ou non, nous ne le savons pas, à cet objet ; mais enfin il nous donne de cet objet l'idée qu'il veut que nous en ayons.

Il n'y a pas d'action de notre âme sur notre corps ; cela serait inconcevable ; mais d'une part, Dieu à notre volonté ajoute une force tendant au bien en général, et à chacune de nos volitions ajoute une force tendant à l'exécution et capable d'exécuter.

— Alors quand notre volonté est mauvaise et que nous l'exécutons, c'est que Dieu pèche en notre nom ?

— Non certes ; parce que le péché n'est pas un acte ; il consiste à ne rien faire, il consiste en ceci précisément que l'âme n'agit pas sur le corps ; donc il n'est pas une force ; il est une faiblesse. Le péché c'est Dieu qui s'est retiré de nous. Le pécheur n'est qu'un être qui est sans force parce que la grâce lui manque.

Le principe de la morale est le respect de l'ordre et l'amour de l'ordre. Cela fait deux degrés dont le premier est régularité et le second vertu. Se conformer à l'ordre est très raisonnable mais est sans aucun mérite (donner de l'argent aux pauvres par coutume ou peut-être par vanité). Aimer l'ordre et vouloir qu'il soit plus grand, plus complet, plus proche de ce que Dieu veut, c'est adhérer à Dieu, c'est vivre en Dieu, comme voir juste, c'est voir en Dieu. Toute la morale en tout son détail, où nous n'entrerons pas, découle de l'amour de l'ordre. L'univers est un grand mécanisme, comme l'a dit Descartes, qui est mis en mouvement et qui est dirigé par Dieu, c'est-à-dire selon les lois établies de Dieu ; car Dieu n'agit que par des volontés générales (qui sont des lois) et non pas par des volontés particulières. En d'autres termes il a une volonté, il n'a pas de volitions.

— Mais alors il n'y a pas de miracles ; car le miracle est précisément une volonté particulière traversant et interrompant la volonté générale.

Le miracle

— D'abord il y a très peu de miracles, ce qui laisse subsister l'ordre ; c'est seulement s'il y en avait d'incessants qu'il n'y aurait pas d'ordre. Ensuite le miracle est un avertissement que Dieu donne aux hommes, et en raison de leur faiblesse, pour leur rappeler que derrière les lois il y a un législateur, derrière les volontés générales un être qui veut. A cause de leur faiblesse intellectuelle, s'ils ne voyaient jamais de dérogation aux lois générales, ils les prendraient pour des fatalités. Le miracle est une grâce qui intervient dans les choses, comme la grâce proprement dite intervient dans les actes humains. Et il n'est pas contradictoire avec le dessein général de Dieu puisque, ramenant les esprits humains à cette vérité qu'il y a un être voulant, il les habitue à considérer toutes les lois générales comme des actes permanents, mais comme des actes de l'être voulant. Le miracle a cette vertu de faire considérer tout ce qui est dans le monde comme miraculeux, ce qui est la vérité. Donc le miracle confirme l'idée d'ordre. C'est peut être en cela seul que l'exception confirme la règle.

Spinoza

Spinoza, qui, dans sa vie, fut un pur stoïcien et le plus pur des stoïciens, polissant des verres de lunettes astronomiques pour gagner sa vie, refusant toutes les pensions et toutes les places de professeur qu'on lui offrait et vivant quasi de rien, avait lu Descartes et, pour se conformer au principe de l'évidence, avait commencé par renoncer à sa religion qui était celle des Israélites. Sa vue générale des choses est celle-ci : Il n'y a qu'un Dieu. Dieu est tout. Seulement il a ses attributs, c'est-à-dire ses manières d'être et ses modes, c'est-à-dire ses modifications, comme le soleil (simple comparaison) a pour manières d'être sa rondeur, sa couleur, sa chaleur, pour modifications ses rayons, la chaleur terrestre, la lumière directe et la lumière diffuse, etc. Or, Dieu a deux attributs, la pensée et l'étendue, comme le disait déjà Descartes; et il a pour modifications exactement tout ce que nous voyons, touchons, sentons, etc. L'âme humaine est un attribut de Dieu comme tout ce qui est: c'est un attribut de Dieu puissant. Elle n'est pas libre, car tout ce qui vient de Dieu, tout ce qui *est de Dieu* est un développement régulier et nécessaire de Dieu lui-même. « Il n'y a rien de contingent [rien qui puisse ou arriver ou ne pas arriver]. Toutes choses sont déterminées, par la nécessité de la nature divine, à exister et à agir d'une manière donnée. Il n'y a donc point dans l'âme de volonté libre; l'âme est déterminée à vouloir ceci ou cela par une cause qui elle-même est déterminée par une autre et celle-ci encore par une autre et ainsi à l'infini.

Cependant nous nous croyons libres et, selon le principe de l'évidence, nous le sommes; car il n'y a rien de plus évident pour nous que notre liberté. Nous sommes aussi convaincus, intimement, de notre liberté que de notre existence et *tous* nous affirmons aussi énergiquement : Je suis libre, que Descartes affirme : Je suis. Je suis et Je suis libre sont les deux choses dont l'homme, quelque effort qu'il y fasse, ne peut pas douter.

Sans doute, mais c'est une illusion. C'est l'illusion d'un être qui se sent comme cause et qui ne se sent pas comme effet. Qu'on se figure une bille de billard qui sentirait qu'elle pousse et qui ne sentirait pas qu'elle est poussée. Ce que nous appelons décision c'est une idée qui nous décide parce qu'elle est plus forte sur nous que les autres; ce que nous appelons délibération c'est une hésitation entre deux ou trois idées momentanément d'égale force; ce que nous appelons volition est une idée et ce que nous appelons volonté est notre entendement lui-même appliqué aux faits. Nous ne voulons pas nous battre, nous avons l'idée de nous battre et cette idée nous entraîne; nous ne voulons pas nous pendre, nous avons l'idée obsédante de nous pendre et cette pensée nous emporte.

Spinoza a écrit une morale. — N'est-il pas radicalement impossible d'écrire une morale quand on ne croit pas au libre arbitre? — L'originalité admirable de Spinoza, encore que son idée puisse être contestée, c'est précisément que la morale dépend de la croyance à la nécessité de toutes choses, c'est que plus on est convaincu de cette nécessité plus on est d'une haute moralité, c'est que plus on se croit libre, plus on est *immoral.* L'homme qui se croit libre prétend contrarier l'ordre universel et la moralité c'est précisément d'y adhérer; l'homme qui se croit libre cherche un bien individuel comme s'il pouvait y avoir un bien individuel, et comme si le bien, et pour chacun, n'était pas de se soumettre aux lois nécessaires de tout, lois qui justement constituent le bien; l'homme qui se croit libre se dresse contre Dieu, se croit Dieu puisqu'il se croit créateur de ce qu'il fait et puisqu'il croit qu'il est capable de déranger quelque chose dans le mécanisme et d'y introduire une certaine quantité de mouvement. A la vérité de tout cela il ne fait rien du tout; mais il croit le faire et cette seule pensée, fausse et basse, le maintient dans la condition de vie la plus misérable; en un mot l'homme qui se croit libre n'est peut-être pas un athée ; mais c'est un impie.

Au contraire l'homme qui ne se croit pas libre, se croit entre les mains de Dieu et c'est la première sagesse et la première vertu. Nous sommes entre les mains de Dieu comme l'argile entre celles du potier; le vase fou serait celui qui reprocherait au potier de l'avoir fait vase petit et non vase grand, vase vulgaire et non vase de salon. Se croire entre les mains de Dieu est la première sagesse; le voir, le voir le moins indistinctement que nous le pouvons, c'est la haute sagesse; il faut voir ses desseins, son grand dessein, au moins et s'y associer, devenir ainsi, non seulement partie de lui, nous le sommes toujours, mais partie consciente de lui.

Ceci est l'amour de Dieu et l'amour de Dieu est la vertu même. Nous devons aimer Dieu sans considération du bien qu'il peut nous faire et des peines qu'il peut nous infliger; car aimer Dieu par amour du Dieu bienfaiteur ou crainte du Dieu punisseur ce n'est pas aimer Dieu, c'est s'aimer soi-même.

Nous avons pour ennemis et pour obstacles à nous élever à cette demi-perfection nos passions. Ce sont elles qui nous font faire des actes immoraux. — « Immoral » a-t-il un sens du moment que nous ne faisions rien que nous ne soyons obligés de faire? — Oui; de même que, quand nous sommes arrivés nécessairement, menés par notre esprit faux, à une idée fausse, que cette pensée soit nécessaire cela ne l'empêche pas d'être fausse; tout de même, que nous ayons été amenés nécessairement à un acte vilain, cela ne l'empêche pas d'être immoral. Les passions sont nos imperfections, des manques, des lacunes d'une âme que n'ont pas remplie l'idée de Dieu, l'idée de l'ordre universel et l'amour de Dieu et de l'ordre universel et qui par conséquent vit individuellement, c'est-à-dire séparément de l'univers.

Les passions sont en nombre infini et des principales seulement Spinoza fait, en un assez gros livre, une description minutieuse et singulièrement profonde, dans le détail de quoi nous regret-

Les passions

tons de ne pouvoir pas entrer. L'*Éthique* de Spinoza est un chef-d'œuvre incomparable.

L'étude des passions est une chose très salutaire, parce qu'à les étudier on s'en détache tant
on en voit le vide, la bassesse et le caractère
puéril et même bestial. On pourrait même
ajouter que la pensée seulement de les étudier
est déjà un acte de détachement à leur égard.
« Tu ne me chercherais pas si tu ne m'avais pas
déjà trouvé », dit Dieu à Pascal. « Tu ne ferais
pas de recherches sur nous si tu ne nous avais
pas déjà quittés », peuvent dire les passions au
philosophe.

Sanctions
de la morale

Quelles sont les sanctions de la morale? Ce
sont des sanctions nécessaires; comme aussi bien
tout est nécessaire, et pour ainsi dire mécanique.
Il n'y a ni mérite ni démérite et le criminel n'est
pas coupable; seulement il est en dehors de
l'ordre et tout doit rentrer dans l'ordre : « Celui
qui est enragé par la morsure d'un chien enragé
est assurément innocent; cependant on a le droit
de l'étouffer. De même l'homme qui ne peut
gouverner ses passions par crainte des lois est un
infirme très excusable; cependant il ne peut
jouir de la paix de l'âme ni de la connaissance de
Dieu, ni de l'amour de Dieu et il est nécessaire
qu'il périsse. » Par sa mort il a rentré dans l'ordre.

Mais la sanction d'outre-tombe existe-t-elle et
c'est-à-dire l'âme est-elle immortelle et serons-
nous récompensés, en elle, dans une autre vie?
Le pensée de Spinoza est hésitante sur ce point;
mais, au risque de la défigurer, ce que je crains
de faire, il me semble qu'on peut la résumer
ainsi : l'âme *se fait immortelle;* à mesure que

(112)

par la connaissance de Dieu et l'amour de Dieu,
elle participe davantage de Dieu. A mesure elle
se fait divine ; et, se rapprochant de la perfection,
du même progrès elle se rapproche de l'immortalité. On peut concevoir que par l'erreur et le
péché elle se tue et par la vertu elle se rend
impérissable. Cette immortalité n'est pas ou ne
semble pas être personnelle, elle est littérale-
ment une rentrée définitive dans le sein de
Dieu ; l'immortalité spinozienne serait donc un
prolongement de cet effort même que nous
devons faire en cette vie pour adhérer à l'ordre
universel ; la récompense d'y avoir adhéré ici-
bas est là-haut de nous y confondre et c'est là la
vraie béatitude. Ici-bas nous devons tout voir au
point de vue de l'éternité (*sub specie æternitatis*)
et c'est une manière d'être éternel ; ailleurs nous
serons dans l'éternité elle-même.

Leibniz est un esprit universel, historien, naturaliste, politique, diplomate, érudit, théologien,
mathématicien... nous ne l'envisagerons que
comme philosophe. Pour Leibniz le fond, la
substance de tous les êtres ce n'est pas *ou* la
pensée *ou* l'étendue, comme chez Descartes ;
c'est la force, productrice d'action. « Ce qui
n'agit pas n'existe pas. » Tout ce qui existe est
une force, ou action ou tendant à l'action. Et la
force, toute force a deux caractères ; elle veut
agir et elle veut penser. Le monde est le composé hiérarchique de toutes ses forces. Tout en
haut il y a la force suprême, Dieu, qui est
force infinie, pensée infinie ; de dégradation en
dégradation on arrive aux forces basses et
obscures qui semblent n'avoir ni puissance ni

Leibniz

pensée, mais qui ont cependant un minimum de puissance et même de pensée pour ainsi dire latente. Dieu pense et agit infiniment ; l'homme pense et agit puissamment grâce à la raison qui le distingue de tout le reste de la création ; l'animal agit et pense obscurément ; mais il agit et il pense, car il a une âme, une âme qui est faite de mémoire et des traces et suites de la mémoire et par parenthèse « les trois quarts de nos actions à nous-mêmes sont gouvernées par la mémoire et le plus souvent nous agissons comme des bêtes » ; les végétaux agissent et, sinon pensent, du moins sentent ce qui est pensée encore, plus obscurément que les bêtes ; et enfin, dans le minéral, la puissance d'action et la pensée dorment, mais ne sont pas nulles puisqu'ils sont capables de se transformer, chez les végétaux, les animaux et les hommes, en matière vivante et qui sent et pense.

Donc, comme le soutiendra plus tard Schopenhauer, tout est plein d'âmes et d'âmes qui sont des forces en même temps que des intelligences. L'âme humaine est une force aussi, *comme le corps*. Entre ces deux forces dont il semble bien que l'une agisse sur l'autre et qui, en tout cas, agissent de concert, de telle sorte que le mouvement voulu par l'âme est exécuté par le corps, ou qu'au mouvement voulu par le corps l'âme adhère évidemment, quel peut être le rapport, quelle peut être la relation en quoi consistent le concours et le concert ? Leibniz (et il y avait déjà quelque chose de pareil dans Descartes) croit que toutes les forces du monde agissant chacune spontanément ; *mais* qu'entre toutes les actions qu'elles exercent, existe une convenance voulue de Dieu, une concordance établissant l'ordre universel, une « harmonie préétablie » les faisant toutes concourir au même dessein. Eh bien ! entre l'âme, cette force, et le corps, cette force aussi, cette harmonie règne comme entre quelque force que ce soit de la nature et une autre et toutes les autres; et voilà comment s'expliquent l'union et la concordance de l'âme et du corps. Supposez deux horloges bien faites montées par le même horloger, elles diront la même heure, et sembleront, celle-ci commander à celle-là ou celle-là commander à l'autre. Et toutes les forces du monde sont des horloges qui s'accordent les unes avec les autres, parce qu'elles ont été accordées d'avance par l'horloger divin et à elles toutes elles marquent l'heure éternelle.

De toutes ces vues générales sur les choses, sur les esprits et sur l'esprit, Leibniz a conclu à un optimisme radical, qui est la chose dont on l'a, depuis, le plus raillé et par quoi, du reste, il est resté célèbre. Il croit que tout est bien, malgré le mal que personne ne peut contester qui existe; et c'est-à-dire qu'il croit que tout est le mieux *possible* dans le meilleur des mondes *possibles*. En effet Dieu est suprême sagesse et suprême bonté, cela était évident à Descartes qui, en fait d'évidence ne se contentait pas facilement. Cette parfaite sagesse et cette parfaite bonté n'a pu choisir que le meilleur. — Mais cependant le mal existe ! Diminuez-le autant que ce sera votre bon plaisir, il existe encore. — Il existe par une nécessité qui est inhérente à ce qui est créé. Tout ce qui est créé est imparfait, Dieu seul est parfait; ce qui est imparfait est par définition mêlé de mal et de bien. Le mal n'est que la limite du bien où Dieu était forcé de s'arrêter créant des êtres et choses autres que lui-même et s'il n'avait créé que selon le bien absolu il n'aurait créé que lui. Et c'est le sens précis de ce mot « le meilleur des mondes possibles »; le monde est parfait dans la limite où ce qui est créé, donc imparfait, peut être parfait, dans la limite où ce qui n'est pas dieu peut-être divin; le monde c'est Dieu lui-même autant qu'il peut rester lui en étant autre chose que lui.

Les trois maux

Distinguons pour mieux comprendre. Il y a trois maux : le mal métaphysique, le mal physique et le mal moral. Le mal métaphysique est ce fait même de n'être pas la perfection : il est assez naturel que ce qui émane, seulement, de la perfection ne soit pas la perfection. Le mal physique c'est la souffrance; Dieu ne peut pas *vouloir* la souffrance, la désirer, la chérir· mais il peut la permettre comme moyen du bien, comme condition du bien; or il n'y aurait pas de bien moral s'il n'y avait pas occasion de lutte et il n'y aurait pas occasion de lutte si le mal physique n'existait pas : supposez un paradis; tout le monde s'y laisse vivre et n'a jamais lieu de montrer la moindre endurance, le moindre courage, la moindre vertu. Et enfin le mal moral, c'est-à-dire le péché, Dieu peut encore moins vouloir qu'il soit, mais il peut admettre qu'il soit, *laisser qu'il soit*, pour qu'il y ait aux hommes occasion de mériter ou de démériter. Rien n'est plus facile que de critiquer Dieu en ne considérant qu'une partie de son ouvrage et en ne considérant point l'ensemble. Il doit avoir créé en vue d'un ensemble et c'est par l'ensemble qu'il faut le juger. Et comme précisément l'ensemble ne peut être embrassé par personne, taisez-vous raison imbécile, comme dit Pascal et ne jugez point ou jugez *a priori* puisqu'ici on ne peut juger par l'expérience et dites que le parfait n'a pu vouloir que le plus parfait possible.

Reste toujours l'objection fondamentale : c'est limiter Dieu que de l'asservir à la condition du *possible* et on aura beau dire que Dieu est justifié, s'il a fait tout le bien possible, il ne l'est pas, les mots « possible » et « impossible » n'ayant point de sens pour la toute-puissance et la puissance infinie pouvant par définition faire l'impossible.

Mais si, répond Leibniz, il y a un impossible métaphysique, il y a un impossible dans l'infini, cet impossible c'est l'absurde, c'est la contradiction. Dieu pourrait-il faire que le tout fût plus petit que la partie, qu'il y eût une ligne plus courte que la droite ? La raison répond non. Dieu est donc limité ? Il est limité par l'absurde et c'est-à-dire qu'il est illimité ; car l'absurde est une déchéance. Il est donc à croire que le mélange du bien et du mal est une nécessité métaphysique, je ne dirai pas à laquelle Dieu se soumet, mais dans laquelle il agit naturellement et que l'absence du mal est une contradiction métaphysique, une absurdité en soi, que Dieu précisément parce qu'il est parfait, ne peut pas commettre ; et c'est sans doute ce que, au lieu de le conclure, nous verrions, si la totalité des choses, de leurs rapports,

Le possible et l'impossible

(117)

de leur concordance, de leur harmonie nous était connue.

L'optimisme de Leibniz a été raillé tout particulièrement dans le *Candide* de Voltaire, défendu ingénieusement par Rousseau, défendu magnifiquement par Victor Hugo dans les vers, très dignes de Leibniz, que voici :

> Oui peut-être au delà de la sphère des nues,
> Au sein de cet azur immobile et dormant,
> Peut-être faites-vous des choses inconnues
> Où la douleur de l'homme entre comme élément.

CHAPITRE III

LES ANGLAIS AU XVIIᵉ SIÈCLE

LOCKE : SES IDÉES SUR LA LIBERTÉ HUMAINE
SUR LA MORALE, SUR LA POLITIQUE GÉNÉRALE
SUR LA POLITIQUE RELIGIEUSE

Locke, fort instruit en sciences diverses, physique, chimie, médecine, souvent mêlé à la politique, très éclairé par la vie, par de nombreux voyages, par d'intéressantes et illustres amitiés, toujours étudiant et réfléchissant jusqu'à une vieillesse assez avancée, n'a écrit que des œuvres très méditées, son *Traité sur le Gouvernement civil* et son *Essai sur l'Entendement.*

Locke semble n'avoir écrit sur l'entendement que pour réfuter les « idées innées » de Descartes. Pour Locke il n'y a pas d'idées innées. L'esprit avant sa rencontre avec le monde extérieur, est une table rase et il n'y a rien dans l'esprit qui n'ait été d'abord dans les sens. Qu'est-ce donc que les idées ? Ce sont les sensations enregistrées par le cerveau et ce sont aussi les sensations élaborées et modifiées par la réflexion. Ces idées, ensuite, s'associent entre elles de manière à former une foule énorme de combinaisons. Elles s'associent d'une manière naturelle ou d'une manière artifi cielle, d'une manière naturelle, c'est-à-dire cou-

(119)

formément aux grandes premières idées simples
que nous a données la réflexion, idée de cause,
idée de but, idée de moyens pour un but, idée
d'ordre, etc. ; et c'est l'ensemble de ses associa-
tions que l'on nomme communément la raison ;
elles s'associent accidentellement, par hasard, par
effet de l'émotion, par effet de la coutume, etc.,
et alors elles donnent naissance à des préjugés,
erreurs, superstitions. Les passions de l'âme sont
des aspects du plaisir et de la douleur. L'idée d'un
plaisir possible fait naître en nous un désir qui
s'appelle ambition, amour, avidité, gourmandise ;
l'idée d'une peine possible fait naître en nous la
crainte et l'horreur et cette crainte et horreur
s'appelle haine, jalousie, colère, aversion, dégoût,
mépris. Au fond, nous n'avons que deux passions ;
le désir de jouir et la peur de souffrir.

*La liberté
de l'homme*

    L'homme est-il libre ? En faisant appel à l'expé-
rience et en se réclamant d'elle et d'elle seule et
non pas du sentiment intime, Locke déclare que
non. Une volonté lui semble toujours déterminée
par une autre volonté et cette autre par une
autre, à l'infini, ou par un motif, un poids, un
mobile qui la font pencher à droite ou à gauche.
Il y a bien volonté, c'est-à-dire désir précis et vif
de faire une action ou de continuer une action
ou de l'interrompre, mais cette volonté n'est pas
libre, car se la figurer libre, c'est se la figurer
comme capable de vouloir ce qu'elle ne veut pas.
La volonté est une inquiétude d'agir en tel ou
tel sens et cette inquiétude, à cause de son caractère d'inquiétude, d'émotion forte, de tension de
l'âme, nous semble libre, nous semble une force
intérieure qui est autonome et indépendante ; nous

prenons conscience de la volonté dans l'effort.
Ne nions pas cette tension, mais sachons bien
qu'elle est l'effet d'un puissant désir que l'obstacle
excite ; cette tension n'indique donc rien sinon
que le désir est vif et qu'il y a un obstacle. Or ce
désir, si vif qu'il est irrité par l'obstacle et qu'il
nous bande, pour ainsi parler, contre lui, c'est
une passion qui domine et qui remplit tout notre
être ; de sorte que nous ne sommes jamais plus
passionnés que quand nous croyons vouloir et
que par conséquent plus nous voulons moins nous
sommes libres.

Ce n'est pas qu'il faille confondre formellement et absolument la volonté et le désir. Accablés
de chaleur nous avons le désir de boire de l'eau
froide et parce que nous savons que cela nous
ferait du mal, nous avons la volonté de ne pas
boire ; mais, encore que ceci soit une distinction
importante, ce n'en est pas une fondamentale ;
ce qui nous pousse à boire, c'est une passion, ce
qui nous en empêche, c'est une passion à la fois
plus générale et plus forte, le désir de ne pas
mourir et de ce que cette passion en rencontrant
une autre et luttant contre elle produit dans tout
notre être une tension très forte, elle n'en est pas
moins une passion, si tant est qu'il ne faille pas dire
qu'elle est une passion plus passionnée encore.

En politique Locke a été l'adversaire de Hobbes
dont nous avons plus haut rapporté les théories
despotistes. Il ne croit pas que l'état naturel soit
la guerre de tous contre tous. Il croit que l'homme
se met en société, non pas pour échapper à l'an-
thropophagie, mais pour garantir et défendre
plus facilement ses droits naturels : propriété,

*La politique
de Locke*

(121)

liberté personnelle, légitime défense. La société n'existe que pour protéger ces droits et sa raison d'être est dans ce devoir de les défendre. Le souverain n'est donc pas le sauveur de la nation, il en est le mandataire et le magistrat. S'il viole les droits de l'homme, il agit tellement à contresens de sa mission et de son mandat que l'insurrection contre lui est légitime. Le « sage Locke », comme l'appelait toujours Voltaire, est l'inventeur des Droits de l'homme.

En politique religieuse, il est libéral encore et tient pour la séparation des Eglises et de l'État, l'Etat ne devant avoir aucune religion à lui et n'ayant pour office que de protéger également la liberté de tous les cultes. — Locke a été discuté pied à pied par Leibniz qui, sans accepter les idées innées de Descartes, n'acceptait pas non plus les idées-sensations de Locke et qui disait : « Il n'y a rien dans l'intelligence qui n'ait été d'abord dans les sens », soit... « excepté l'intelligence elle-même... » L'intelligence n'a pas des *idées* innées, nées toutes faites ; mais elle a des formes à elle où les idées se rangent et prennent forme et ceci est le propre même de l'intelligence. Et ce sont ces formes que Kant appellera plus tard les catégories de l'entendement et au fond, par ses idées innées, Descartes n'entendait pas autre chose. Locke a eu une prodigieuse et comme impérieuse influence sur les philosophes français du xviiie siècle.

CHAPITRE IV

LES ANGLAIS AU XVIII° SIÈCLE

BERKELEY : PHILOSOPHIE QUI CONSIDÈRE LA MATIÈRE
COMME N'EXISTANT PAS, ÉMINEMMENT IDÉALISTE.
DAVID HUME : PHILOSOPHIE SCEPTIQUE.
L'ÉCOLE ÉCOSSAISE : PHILOSOPHIE DU BON SENS

Au *sensualiste* Locke succéda l'*idéaliste* effréné qui a nom Berkeley, anglais comme lui. Il écrivit très jeune, continua d'écrire jusqu'à l'âge de soixante ans et mourut à soixante-huit. Il ne croyait pas à la matière, il ne croyait pas au monde extérieur. C'est toute sa philosophie. Pourquoi n'y croyait-il pas ? Parce que tous les penseurs sont d'accord sur ceci que nous ne pouvons pas savoir si nous voyons le monde extérieur *comme il est*. Mais alors, si nous ne le connaissons pas, pourquoi affirmons-nous qu'il existe ? Nous ne savons rien de lui. Or, nous ne devons construire le monde qu'avec ce que nous en savons et faire autrement ce n'est pas philosopher, c'est se livrer à l'imagination. Or, que savons-nous du monde ? Nos idées et rien que nos idées. Eh bien disons : il n'y a que des idées. Mais d'où nous viennent ces idées ? Les expliquer comme venant du monde extérieur que nous n'avons jamais vu c'est expliquer l'obscur par le

Berkeley

(123)

plus obscur. Elles sont spirituelles, elles nous viennent sans doute d'un esprit, de Dieu. Cela c'est possible et n'est pas illogique et Berkeley y croit.

Cette doctrine, aux yeux du bon sens, peut ne paraître qu'une simple fantaisie ; mais Berkeley y voyait beaucoup de choses très importantes et très salutaires. Si vous croyez à la matière, vous pouvez ne croire qu'à elle et voilà le matérialisme avec ses conséquences morales, qui sont immorales ; si vous croyez à la matière et à Dieu, vous êtes tellement gênés par ce dualisme que vous ne savez comment séparer la nature de Dieu et il arrive que vous voyez Dieu dans la matière, ce qui s'appelle le panthéisme. En un mot, entre nous et Dieu Berkeley a supprimé la matière pour que nous nous sentions immédiatement en contact, pour ainsi parler, avec Dieu. Il tient beaucoup de Malebranche qu'on peut dire qu'il ne fait que pousser à l'extrême. Quoique évèque, il n'a pas été arrêté, comme Descartes par cette idée que Dieu ne peut pas nous tromper et il répondait que Dieu ne nous trompe pas, qu'il nous donne des idées et que c'est nous qui nous trompons en leur attribuant une autre origine que lui ; ni il n'a été arrêté comme Malebranche par l'autorité de l'Écriture qui dans la Genèse montre Dieu créant la matière. Il ne voyait sans doute là qu'un sens symbolique, une simple manière de parler à l'usage de la foule.

David Hume, écossais, plus célèbre, du moins de son temps, comme historien de l'Angleterre que comme philosophe, est cependant très digne de considération à ce dernier titre. David Hume ne croit à rien et par conséquent, dira-t-on, il n'est pas un philosophe ; il n'a pas de système philosophique. Il n'a pas de système philosophique, non ; mais il est une critique de la philosophie et par conséquent il philosophe. La matière n'existe pas ; puisque nous n'en connaissons rien au tout, ne disons pas qu'elle existe. Mais, nous, nous existons. Tout ce que nous pouvons savoir de ceci, c'est qu'en nous il y a une succession d'idées, de représentations ; mais *nous*, mais *moi*, qu'est-ce que c'est ? Nous n'en savons rien. Nous assistons à un défilé d'images et nous pouvons appeler cet ensemble le *moi*, mais nous ne nous saisissons pas comme quelque chose d'un, comme une personne. Nous sommes les spectateurs d'une pièce de théâtre intérieure derrière laquelle nous ne voyons aucun auteur. Il n'y a pas plus lieu de croire au *moi* qu'au monde extérieur.

Quant aux idées innées, elles sont simplement des idées générales qui sont des illusions générales. Nous croyons, par exemple, que tout effet a une cause, ou, pour dire beaucoup mieux, que toute chose à une cause. Qu'en savons-nous ? Que voyons-nous ? Qu'une chose vient après une autre, succède à une autre. Qui nous dit qu'elle en procède, que la chose B doit nécessairement venir la chose A étant ? Nous le croyons parce que toutes les fois que la chose A a été, la chose B est venue. Eh bien, disons que toutes les fois que la chose A est (et jusqu'à présent) la chose B vient ; et ne disons rien de plus. Il y a des successions régulières, j'ignore complètement s'il y a des causes.

Les idées innées

(125)

Il résulte de ceci que pour Hume il n'y a pas
de liberté. Très évidemment; car, quand nous
nous croyons libres, c'est que nous croyons nous
saisir comme cause. Or le mot cause ne signifie
rien. Nous sommes une succession de phénomènes très absolument déterminés. La preuve,
c'est que nous prévoyons, et presque toujours
juste (et nous pourrions prévoir toujours juste si
nous connaissions complètement le caractère des
personnes et les influences qui agissent sur elles),
ce que feront les gens que nous connaissons, ce
qui serait impossible s'ils faisaient ce qu'ils vou-
draient. Et moi, au moment même où je suis
absolument sûr que je fais telle chose parce que
je l'ai voulu, je vois mon ami sourire et me dire :
« J'étais sûr que vous le feriez. Tenez, je l'avais
mis sur ce papier. » Il me comprenait comme
nécessité, alors que je me sentais comme libre. Et
lui, réciproquement, se croira libre en faisant une
chose que, moi, j'aurai parié à coûp sur qu'il ne
manquerait pas de faire.

Quelle morale peut avoir Hume avec de tels
principes? D'abord, il proteste contre ceux qui,
de ses principes, concluraient à l'immoralité de
son système. Prenez garde, dit-il spirituellement,
comme Spinoza, du reste, ce sont les partisans du
libre arbitre qui sont immoraux. Sans doute !
C'est quand il y a liberté qu'il n'y a pas respon-
sabilité. Je ne suis pas responsable de mes actions
si elles ne se rattachent en moi à rien de durable
ni de constant. J'ai tué. C'est en vérité par hasard,
si ça été par une détermination toute isolée, toute
détachée du reste de mon caractère, momentanée,
et je suis infiniment peu responsable. Mais si

toutes mes actions sont enchaînées, sont conditionnées les unes par les autres, dépendent chacune de toutes, si j'ai tué, c'est parce que je suis un assassin à tous les instants de ma vie ou à peu près et alors, oh ! que je suis responsable !

Notez que c'est bien ainsi que les juges prennent les choses, puisqu'ils recherchent si attentivement les antécédents de l'accusé. Ils le trouvent d'autant plus coupable qu'il a montré toujours des instincts mauvais. — Donc ils le trouvent d'autant plus responsable qu'il a été plus *nécessité?* — Oui.

Donc Hume ne se croit pas forclos en morale ; il ne croit pas qu'il lui soit interdit par ses principes d'en avoir une et il en a une. C'est une morale de sentiment. Nous avons en nous l'instinct du bonheur et nous cherchons le bonheur ; mais nous avons aussi un instinct de bienveillance qui nous porte à chercher le bonheur général et la raison nous dit qu'il y a conciliation, ou plutôt qu'il y a concordance entre ces deux instincts, parce que ce n'est que dans le bonheur général que nous trouverons notre bonheur particulier.

L'Ecole écossaise (fin du xviiie siècle) a été surtout une école d'hommes qui se rattachaient au bon sens et d'hommes qui étaient excellents moralistes. Il faut au moins nommer Thomas Reid et Dugald Stewart. Ils s'attachaient surtout à combattre l'idéalisme transcendant de Berkeley et le scepticisme de David Hume, aussi un peu la doctrine de la table rase de Locke. Ils reconstituaient l'esprit humain et même le monde, qui s'étaient comme volatilisés avec leurs prédécesseurs, à peu près comme ils étaient du temps de

Descartes. Croyons à la réalité du monde extérieur, croyons qu'il y a des causes et des effets, croyons qu'il y a un *moi*, une personne humaine que nous saisissons directement et qui est une cause; croyons que nous sommes libres et que nous sommes responsables parce que nous sommes libres, etc. Ils étaient surtout très bons descripteurs des états d'âme, très bons psychologues-moralistes et ils sont les ancêtres de la très remarquable pléiade des psychologues anglais du XIXᵉ siècle.

CHAPITRE V

PHILOSOPHES FRANÇAIS
DU XVIII° SIÈCLE

VOLTAIRE DISCIPLE DE LOCKE
ROUSSEAU CHRÉTIEN LIBRE, MAIS TRÈS PÉNÉTRÉ
DE SENTIMENTS RELIGIEUX
DIDEROT MATÉRIALISTE CAPRICIEUX
D'HOLBACH ET HELVETIUS MATÉRIALISTES DÉCLARÉS
CONDILLAC PHILOSOPHE DES SENSATIONS

Voltaire
Rousseau

La philosophie française du xviii° siècle, assez faible, pour ne rien cacher, a été comme maîtrisée par la philosophie anglaise, Berkeley excepté, et surtout par Locke et David Hume et surtout par Locke qui était comme le Dieu intellectuel des Français de ce temps qui se piquaient de philosophie.

Voltaire, toutes les fois qu'il a traité de philosophie, n'a été qu'un écho de Locke, que du reste il approfondissait peu et auquel il a un peu nui, parce qu'à lire Locke à travers Voltaire on a trop cru que Locke était superficiel.

Rousseau fut le disciple et l'adversaire de Hobbes, comme il arrive souvent. et servit au public les doctrines de Hobbes en les inversant, en mettant l'état de nature angélique à la place de l'état de nature infernal, et le gouvernement de tous par tous à la place du gouvernement de tous par un, aboutissant toujours au même point avec une simple différence de forme ; car si Hobbes conclut au despotisme exercé par un sur tous, Rousseau conclut au despotisme exercé par tous sur chacun. Dans l'*Émile*, il s'inspirait moins qu'on a dit, à mon avis, mais incontestablement un peu des idées de Locke sur l'éducation. On dit presque partout que Rousseau a eu une grande influence sur Kant. Je sais que Kant a infiniment admiré Rousseau ; mais d'influence de Rousseau sur Kant je n'ai jamais pu en démêler aucune.

*Diderot
Helvetius
D'Holbach*

C'est à David Hume que se rattachait plutôt Diderot. La différence qui est grande, c'est que David Hume, en son scepticisme, reste un homme grave, réservé, de bonne compagnie et de discrétion et n'est que sceptique, tandis que Diderot est violemment négateur et homme de paradoxes, de boutades, d'insolence et de cynisme.

Il est presque ridicule, dans une histoire sommaire de la philosophie, de nommer comme sous-Diderot, si l'on peut ainsi parler, Helvetius et d'Holbach qui ne sont que des hommes d'esprit se croyant philosophes et qui ne sont pas toujours hommes d'esprit.

Condillac

Condillac est d'un autre rang. C'est un philosophe très sérieux et de pensée vigoureuse. Disciple excessif de Locke, alors que Locke admettait comme origine des idées la sensation *et* la réflexion, Condillac n'admet plus que la sensation pure et la sensation transformée et c'est-à-dire se transformant elle-même. La définition de l'homme qu'il tire de ces principes est très célèbre et elle est intéressante : « Le *moi* de chaque homme n'est que la collection des sensations qu'il éprouve et de celles que sa mémoire lui rappelle ; c'est la conscience de ce qu'il est combiné avec le souvenir de ce qu'il a été. » Pour Condillac, l'idée est une sensation qui s'est fixée et qui a été renouvelée et vivifiée par d'autres ; le désir est une sensation qui veut se retrouver et cherche l'occasion qui peut s'offrir pour qu'elle se renouvelle, et la volonté elle-même n'est que le plus puissant des désirs. Condillac est volontairement borné et systématiquement, mais son système est bien lié et présenté dans une langue admirablement claire et précise.

CHAPITRE VI

KANT

KANT RECONSTRUIT TOUTE LA PHILOSOPHIE
EN L'APPUYANT SUR LA MORALE

La connaissance

KANT, né à Kœnigsberg, en 1724, fut professeur à Kœnigsberg pendant toute sa vie et mourut à Kœnigsberg en 1804. Il ne lui est rien arrivé que d'avoir du génie. Il avait commencé par la philosophie théologique en usage dans son pays, celle de Wolf qui était en ses grandes lignes celle de Leibniz. Mais il lut David Hume de bonne heure et la pensée du sceptique anglais lui donna au moins l'idée de soumettre toutes les idées philosophiques à une critique sévère et serrée.

Il se demanda tout d'abord quelle est la valeur vraie de nos connaissances et ce que c'est que la connaissance. Nous croyons généralement que ce sont les choses qui nous donnent la connaissance que nous avons d'elles. Mais plutôt, n'est-ce pas nous qui imposons aux choses les formes de notre esprit et la connaissance que nous croyons avoir des choses n'est-elle pas seulement la connaissance que nous prenons des lois de notre esprit en l'appliquant aux choses? C'est ceci qui est le plus probable. Nous saisissons les choses par des moules, en quelque sorte, qui sont en nous et qui leur donnent leurs formes et elles seraient informes et chaotiques s'il en était autrement. Par suite, il faut distinguer la matière et la forme de nos connaissances : la matière de nos connaissances, ce sont les choses elles-mêmes. La forme de nos connaissances, c'est nous-même : « Notre connaissance expérimentale est un composé de ce que nous recevons par des impressions et de ce que notre propre faculté de connaître tire d'elle-même à l'occasion de ces impressions. »

Ceux qui croient que tout ce que nous pensons vient des sens ont donc tort ; ceux aussi qui croient que tout ce que nous pensons vient de nous ont donc tort. Dire : la matière est une apparence et dire : les idées sont des apparences, sont également doctrines fausses, Or nous connaissons par la sensibilité, par l'entendement et par la raison. Par la sensibilité, nous recevons l'impression du phénomène ; par l'entendement, nous imposons à ces impressions leurs formes et nous les lions entre elles ; par la raison, nous nous donnons des idées générales, universelles, dépassant ou croyant dépasser les données, même liées et systématisées, des choses.

Faisons l'analyse de la sensibilité, de l'entendement et de la raison. La sensibilité a déjà ses formes qu'elle impose aux choses. Ces formes sont le temps et l'espace. Le temps, l'espace ne nous sont pas donnés par la matière, comme couleur, odeur, saveur, son ; ils ne sont pas perçus par les sens ; ce sont donc des formes de notre sensibilité : nous ne pouvons sentir que selon le temps et l'espace, qu'en logeant ce que nous sentons dans l'es-

*Sensibilité
Entendement
Raison*

pace et dans le temps ; ce sont des conditions de la sensibilité. Les phénomènes sont ainsi perçus par nous, sous la loi de l'espace, sous la loi du temps. Que deviennent-ils en nous ? Ils sont saisis par l'entendement qui a aussi ses formes, ses puissances de rangement, de disposition et de liaison. Ses formes ou puissances, ou pour mieux dire ses formes actives sont, par exemple, la conception de quantité toujours égale : à travers tous les phénomènes la quantité de substance reste toujours la même ; la conception de causalité : toute chose a une cause et toute cause a un effet et toujours ainsi. Voilà les conditions de notre entendement, ce sans quoi nous n'entendons pas et les formes que nous imposons en nous à toutes choses pour les comprendre.

C'est ainsi que nous connaissons le monde ; cela revient à dire que le monde n'existe, du moins pour nous, qu'autant que nous le pensons. La raison voudrait aller plus loin ; elle voudrait saisir le plus général, l'universel, au delà de l'expérience, au delà des systématisations bornées et restreintes qu'a établies l'entendement ; savoir par exemple la cause première de toutes les causes, le but dernier et collectif, pour ainsi parler, de tous les desseins ; savoir : « pourquoi y a-t-il quelque chose ? » et « en vue de quelle fin y a-t-il quelque chose ? », enfin répondre à toutes les questions d'infini et d'éternité. Sachons bien *qu'elle ne le peut pas.* Comment le pourrait-elle ? Elle n'opère, ne peut opérer que sur les données de l'expérience et les systématisations de l'entendement qui classent l'expérience mais qui ne la dépassent pas. N'opérant que sur cela, n'ayant que cela pour matière, comment pourrait-elle dépasser elle-même l'expérience ? Elle ne le peut pas. Elle n'est (chose, du reste, très importante et qu'il faudra se garder d'oublier) elle n'est qu'un signe, qu'un témoin. Elle est le signe que l'esprit humain a besoin d'absolu ; elle est elle-même ce besoin ; sans cela elle n'existerait pas ; elle est le témoin de notre invincible exigence de savoir et de notre tendance à estimer, si nous savons seulement quelque chose, que nous ne savons rien ; elle est elle-même cette exigence et cette tendance ; sans cela elle n'existerait point. Arrêtons-nous là pour le moment. L'homme ne connaît de la nature que les impressions qu'il en reçoit, coordonnées par les formes de la sensibilité et de plus les idées qu'il en garde coordonnées par les formes de l'entendement. C'est bien peu de choses. C'est tout, si nous ne considérons que la raison pure.

Mais il y a peut-être une autre raison, ou un autre aspect de la raison, à savoir la raison pratique. Qu'est-ce que la raison pratique ? Quelque chose en nous nous dit : tu dois agir et tu dois agir de telle façon ; tu dois agir bien ; ceci n'est pas bien, ne le fais pas ; ceci est bien, fais-le. Comme fait, c'est incontestable. Or qu'est-ce à dire ? A quelle donnée de l'expérience, à quelle systématisation de l'entendement notre esprit a-t-il emprunté cela ? Où l'a-t-il pris ? La nature obéit-elle à un *tu dois* ? Point du tout. Elle existe et elle se développe, elle va son train, selon notre façon de la voir dans le temps et dans l'espace et voilà tout. L'entendement nous donne-t-il l'idée de *tu dois* ? Nullement ; il nous donne des idées de

La raison
pratique

(135)

quantité, de qualité, de cause et effet, etc., et voilà tout ; il n'y a aucun *tu dois* dans tout cela. Ce *tu dois* est donc purement humain ; c'est le seul principe qui ne vienne exactement que de nous. Il se pourrait donc bien qu'il fût le fond même de nous. — Il peut être une illusion. — Sans doute, mais il est bien remarquable *qu'il existe*, alors que rien ne le fait naître et n'est de nature à le faire naître. Une illusion est une faiblesse des sens ou une erreur de logique et elle s'explique ainsi ; mais une illusion en soi et par soi et ne venant que d'elle-même est bien singulière et ne s'explique pas comme illusion. Reste qu'elle soit une réalité, une réalité de notre nature et, étant donnée la force contraignante de sa voix et de son acte, la réalité la plus réelle qui soit en nous.

L'impératif
catégorique

Ainsi, du moins, pense Kant et il dit : il y a une raison pratique, qui ne dépasse pas l'expérience et qui ne songe pas à la dépasser ; mais qui n'en dépend pas, qui en est absolument séparée et qui est son expérience (humaine) à elle-même. Cette raison pratique nous dit : tu dois faire le bien. La foule l'appelle la conscience ; je l'appelle d'une façon générale la raison pratique et je l'appelle, quand je la prends en son principe sans tenir compte des applications que je prévois. l'impératif catégorique. Pourquoi ce nom ? Pour bien la distinguer ; car nous nous sentons commandés par autre chose qu'elle, mais non de la même façon. Nous nous sentons commandés par la prudence, par exemple, qui nous dit : ne descends pas l'escalier en courant *si* tu ne veux pas te casser le cou ; nous nous sentons commandés par les convenances qui nous disent : sois poli, *si* tu ne veux pas que les hommes te laissent tout seul, etc. Mais la conscience ne nous dit pas *si* ; elle nous dit *tu dois* tout court, sans considération de ce qui pourra arriver ou n'arrivera pas, et même c'est son caractère même de mépriser toute considération de conséquences. Elle nous dirait : descends l'escalier en courant pour sauver cet enfant, dusses-tu te casser le cou. A cause de cela j'appelle tous les autres commandements qui nous sont faits des impératifs hypothétiques et celui de la conscience, celui-là seul, impératif catégorique, ou absolu. Voilà qui est acquis.

Mais réfléchissez : la morale, si ce qui précède est vrai, la morale est la loi même de l'homme, sa loi propre, comme la loi de l'arbre est de s'étendre en racines et en branches. Bien. Mais pour que l'homme puisse obéir à sa loi il faut qu'il soit libre, qu'il puisse faire ce qu'il veut faire. Cela est certain. Donc il faut croire que nous sommes libres, parce que, si nous ne l'étions pas, nous ne pourrions pas obéir à notre loi ; et la loi morale serait absurde. La loi morale est le *signe* que nous sommes libres. Toutes les autres preuves de la liberté sont nulles ou sont faibles à côté de celle-ci. Nous sommes libres parce qu'il faut que nous le soyons pour pouvoir faire le bien que notre loi nous commande de faire.

Mais examinons encore. Je fais le bien, pour obéir à la loi ; mais, quand je l'ai fait, j'ai cette idée qu'il serait injuste que j'en fusse puni et que je n'en fusse pas récompensé, qu'il serait injuste qu'il n'y eût pas concordance entre le bien et le bonheur. Or, la vertu est rarement

récompensée en ce monde et souvent même elle
est punie ; elle attire du malheur ou du mal sur
celui qui la pratique. Cela ne serait-il pas le signe
qu'il y a deux mondes, dont nous ne voyons que
l'un ? Cela ne serait-il pas le signe que la vertu
non récompensée ici doit être récompensée ailleurs, *pour qu'il n'y ait pas injustice* ? Il est bien
probable qu'il en est ainsi.

Mais pour cela il faut que notre âme soit
immortelle. Elle l'est puisqu'il faut qu'elle le
soit. La loi morale s'accomplit et se consomme
dans des récompenses ou peines d'outre-tombe
qui supposent l'âme immortelle. Toutes les
autres preuves de l'âme immortelle sont nulles
ou sont faibles à côté de celle-ci qui démontre
que si l'immortalité de l'âme n'existait pas il n'y
aurait pas de morale.

Dieu

Et enfin s'il faut que la justice se fasse un jour,
cela suppose un justicier. Ce n'est ni nous-
mêmes qui dans une autre vie nous ferons justice,
ni je ne sais quelle force des choses qui nous la
fera. Il faut qu'une intelligence concevant la justice et une volonté qui la réalise soient. Cette
intelligence et cette volonté, c'est Dieu.

Toutes les autres preuves de l'existence de
Dieu sont faibles ou nulles auprès de celle-ci. On
a tiré l'existence de Dieu de l'idée de Dieu : si
nous avons l'idée de Dieu il faut qu'il existe.
Faible preuve, car nous pouvons avoir une idée
qui ne corresponde pas à un objet. — On a tiré
l'existence de Dieu de l'idée de causalité : à tout
ce qui est il faut une cause ; cette cause, c'est
Dieu. Faible preuve ; car, étant ce qui est, il faut...
cause ; mais *une* cause et une cause *une* pour-

quoi ? Il peut y avoir une série de causes à l'infini et ainsi la cause du monde peut être le monde lui-même. — On a tiré l'existence de Dieu de l'idée de *dessein* bien suivi. On admire la composition, l'ordonnance du monde ; ce monde est bien fait ; il est comme une horloge. L'horloge suppose un horloger ; la belle composition du monde suppose une intelligence qui se propose une œuvre à faire et qui la fait. — Peut-être ; mais cette considération n'amène qu'à l'idée d'une manipulation de la matière, d'un démiurge, comme disaient les Grecs, d'un architecte, mais non pas à l'idée d'un *créateur* ; elle peut même n'amener qu'à l'idée de plusieurs architectes et les Grecs avaient parfaitement l'idée d'un bel ordre artistique existant dans le monde quand ils croyaient à un grand nombre de dieux. Cette preuve encore est faible, quoique Kant la traite toujours avec respect.

La seule preuve convaincante c'est l'existence de la loi morale dans le cœur de l'homme. Pour que la loi morale s'accomplisse, pour qu'elle ne soit pas simplement un tyran de l'homme, pour qu'elle se réalise en toute plénitude, asservissant l'homme ici-bas, mais le récompensant infiniment ailleurs, ce qui fait qu'il y a justice pour tout cela, il faut quelque part un réalisateur absolu de la justice. Dieu doit exister pour que le monde soit moral.

Pourquoi faut-il que le monde soit moral ? Parce qu'un monde immoral, avec, au milieu de lui, un seul être moral serait, au moins, quelque chose de bien bizarre.

Ainsi, tandis que la plupart des philosophes

déduisaient de Dieu la liberté humaine et de la liberté humaine la spiritualité de l'âme et de la spiritualité humaine l'immortalité de l'âme et de l'immortalité humaine la morale, Kant part de la morale comme du fait incontestable et, de la morale déduit la liberté et de la liberté la spiritualité et de l'immortalité de l'âme avec réalisation de la justice par elle, Dieu.

Il a fait un renversement, d'une puissance extraordinaire, de l'argumentation généralement usitée.

L'influence de Kant

L'influence de Kant a été incomparable, ou si l'on veut comparable seulement à celles de Platon, de Zénon et d'Epicure. La moitié au moins de la philosophie européenne du XIXᵉ siècle est sortie de lui et se rattache à lui intimement. De nos jours encore le pragmatisme, comme on dit, c'est-à-dire la doctrine qui veut que la moralité soit la mesure de la vérité et qu'une idée n'est vraie que si elle est moralement utile est peut-être une altération du kantisme, une hérésie kantienne, mais est tout pénétré et comme échauffé de l'esprit de Kant.

CHAPITRE VII

DIX-NEUVIÈME SIÈCLE : ALLEMAGNE

LES GRANDS RECONSTRUCTEURS DU MONDE
ANALOGUES AUX PREMIERS PHILOSOPHES DE L'ANTIQUITÉ
GRANDS SYSTÈMES GÉNÉRAUX
FICHTE, SCHELLING, HEGEL, ETC.

FICHTE, embarrassé de ce qui restait d'expérience dans les idées de Kant, de la part, si restreinte qu'elle fût, que Kant laissait aux choses, au monde extérieur, supprima net le monde extérieur, comme Berkeley, et affirma que le *moi* humain seul existe. Kant disait que le monde nous fournissait la matière de l'idée et que nous fournissions la forme. Pour Fichte, forme et matière, tout vient de nous. Qu'est-ce alors que la sensation ? Ce n'est autre chose que l'arrêt du *moi* rencontrant ce qui n'est pas lui, le choc du moi contre ce qui le limite. Mais alors le monde extérieur existe donc, car que serait l'arrêt de notre esprit par rien et le choc de notre esprit contre rien ? — Mais ce non moi qui arrête le moi est précisément un produit du moi, un produit de l'imagination qui crée un objet, qui projette en dehors de nous une apparence devant laquelle nous nous arrêtons comme devant quelque chose de réel qui serait en dehors de nous.

Fichte

(141)

Cette théorie est très difficile à comprendre; mais marque un très bel effort de l'esprit.

En dehors de nous, cependant, y a-t-il quelque chose ? — Il y a l'esprit pur, Dieu. Qu'est-ce que Dieu ? Pour Fichte, c'est (souvenir très évident de Kant) c'est l'ordre moral. La moralité est Dieu et Dieu est la moralité. Nous sommes en Dieu et c'est toute la religion, quand nous faisons le devoir sans aucune considération de la conséquence de nos actes; nous sommes hors de Dieu, et c'est l'athéisme, quand nous agissons en vue des résultats que nos actes peuvent avoir. Et ainsi morale et religion se confondent et la religion n'est que la morale en sa plénitude et la morale complète est toute la religion. « Le saint, le beau et le bon sont l'apparition immédiate [si elle peut l'être] en nous de l'essence de Dieu. »

Schelling Schelling voulut corriger ce qu'il y avait de trop radical selon lui dans l'idéalisme de Fichte. Il restaura le monde extérieur; pour lui, le *non moi* existe et le *moi* aussi et tous les deux sont la *nature*, la nature qui est objet dans le monde regardé par l'homme, sujet quand elle-même regarde l'homme, sujet et objet selon les cas, en elle-même et en sa totalité ni sujet ni objet, mais absolu, illimité, indéterminé. En face de ce monde (la nature et l'homme), il y a un autre monde qui est Dieu. Dieu est l'infini et le parfait et particulièrement la volonté parfaite et infinie. Le monde que nous connaissons en est une dégradation, sans du reste que nous puissions concevoir comment le parfait peut se dégrader et comment une émanation du parfait puisse être imparfaite et comment le non-être peut sortir de l'être, puisque relativement à l'infini, le fini n'existe pas et relativement au parfait, le parfait est néant.

Il semble pourtant qu'il en soit ainsi et que le monde soit une émanation de Dieu où il se dégrade et une dégradation de Dieu tel qu'elle s'oppose à lui comme rien à tout. C'est une chute. La chute de l'homme dans les livres saints pour donner une idée, quoique éloignée, de cela.

Hegel, contemporain de Schelling et souvent en contradiction avec lui, est le philosophe du *devenir* et de l'idée qui *devient* toujours quelque chose. L'essence de tout c'est l'idée, mais l'idée en marche ; l'idée se fait chose d'après une loi rationnelle qu'elle a en soi et la chose se fait idée en ce sens que l'idée contemplant la chose qu'elle est devenue la pense et s'en remplit pour devenir encore autre chose, toujours suivant la loi rationnelle et cette évolution même, toûte cette évolution, tout ce devenir, c'est cet absolu que nous cherchions toujours derrière les choses, à la base des choses, et qui est *dans* les choses elles-mêmes.

L'actif rationnel, c'est tout ; et activité et réalité sont synonymes et toute réalité est active et ce qui n'est pas actif n'est pas réel et ce qui n'est pas actif n'existe pas.

Et n'envisageons pas cette activité comme allant toujours en avant ; le devenir n'est pas un fleuve qui coule ; l'activité est activité et rétro-activité. La cause est cause de l'effet, mais aussi l'effet est cause de sa cause. En effet la cause ne serait pas cause si elle n'avait pas d'effet, c'est donc grâce à son effet, c'est donc à cause de son effet que la cause est cause ; et donc l'effet est

Hegel

cause de la cause autant que la cause est cause de l'effet.

Un gouvernement est l'effet du caractère d'un peuple est le caractère d'un peuple et l'effet aussi de son gouvernement ; mon fils procède de moi, mais il réagit sur moi et parce que je suis son père j'ai, plus accusé qu'auparavant, le caractère que je lui ai donné, etc.

Donc tout effet est cause comme tout cause est effet, ce que tout le monde a reconnu, mais de plus tout effet est cause de sa cause et par conséquent, pour parler vulgairement, tout effet est cause en avant et aussi en arrière et la ligne des causes et effets n'est pas une droite, mais un cercle.

Le déisme d'Hegel

Dieu disparaît de tout cela. Non, Hegel est très formellement déiste ; mais il voit Dieu dans l'ensemble des choses et non en dehors des choses, distinct pourtant. — En quoi distinct ? — En ceci que Dieu c'est l'ensemble des choses considérées non en elles, mais en l'esprit qui les anime et la force qui les pousse et de ce que l'âme est nécessairement dans le corps unie au corps, ce n'est pas une raison pour qu'elle n'en soit pas distincte. Et, cette position prise, Hegel est déiste et accepte des preuves, même considérées par quelques-uns comme vulgaires. de l'existence de Dieu. Il les accepte, seulement en les tenant non précisément pour des preuves ; mais, pour des raisons de croire et pour des descriptions très fidèles de l'élévation nécessaire de l'âme à Dieu. Par exemple les anciens philosophes ont prouvé l'existence de Dieu par la contemplation des merveilles de l'univers : « Ce n'est pas une « preuve », dit

Hegel ; ce n'est pas une preuve ; mais c'est une grande raison de croire ; car c'est une exposition, un compte rendu très exact, quoique incomplet, du fait que l'esprit humain, en regardant le monde, monte à Dieu. » Or ce fait est singulièrement important ; il indique qu'on ne peut pas penser fortement sans penser Dieu. « Lorsque le passage [quoique insuffisamment logique] du fini à l'infini n'a pas lieu, on peut dire qu'il n'y a pas de pensée. » Or ceci est une raison de croire.

De même les philosophes ont dit : « Du moment que nous pensons Dieu c'est qu'il est. » Kant se moque de cette preuve. Soit, ce n'est pas une preuve invincible ; mais ce fait seul qu'on ne peut pas penser Dieu sans affirmer son existence indique une tendance de notre esprit qui est de rapporter la pensée finie à la pensée infinie et de ne pas admettre une pensée imparfaite qui n'aurait pas sa source dans une pensée parfaite ; et cela est plutôt une croyance invincible qu'une preuve, mais que cette croyance soit invincible et nécessaire, cela même est une preuve extrêmement imposante quoique relative.

La philosophie de l'esprit humain et la philosophie politique, selon Hegel, sont celles-ci. L'homme primitif est esprit, raison, conscience, mais il ne l'est qu'en puissance, comme disent les philosophes, c'est-à-dire qu'il ne l'est qu'en tant qu'il est capable de le devenir. Réellement, pratiquement, il n'est qu'instincts ; il est égoïste, comme les bêtes [il faudrait dire comme la plupart des bêtes] et suit ses appétits égoïstes. La société, de quelque manière qu'elle ait pu se former, le transforme et son *devenir* commence. De l'instinct sexuel elle fait le mariage, de la prise elle fait la propriété régulière, de la défense contre la violence elle fait la punition légale, etc. Désormais et toute son évolution tend à cela, l'homme s'achemine à substituer en lui la volonté générale à la volonté particulière ; il tend à se désindividualiser. La volonté générale fondée sur l'utilité générale est que l'homme soit marié, père, chef de famille, bon mari, bon père, bon parent, bon concitoyen. Tout cela, l'homme doit l'être en considération de la volonté générale qu'il a mise en place de la sienne et dont il a fait sa volonté propre. Voilà le premier progrès.

Il est réalisé (toujours imparfaitement) dans les plus petites sociétés, dans les *cités*, dans les petites républiques grecques, par exemple.

Voici le second progrès. Par la guerre, par la conquête, par l'annexion, par des moyens plus doux s'ils sont possibles, les cités plus fortes soumettent les plus faibles et le *grand État* se crée. Le grand Etat a un rôle plus élevé que la cité ; il continue à substituer la volonté générale aux volontés particulières ; mais *de plus* il est une idée, une grande idée civilisatrice, bienfaisante, *élevante*, agrandissante, à laquelle il peut et il doit sacrifier les intérêts privés. Tels les Romains qui se considéraient, non sans raison, comme les législateurs et les civilisateurs du monde,

Forme idéale de l'Etat

Avant de poursuivre, quelle forme politique doit prendre le grand Etat pour se conformer à sa destination ? Assurément la forme monarchique ; car la forme républicaine est toujours trop individualiste. Pour Hegel. les Grecs et même les Romains ont trop concédé à la liberté individuelle ou aux intérêts de classe, de caste ; ils avaient une idée imparfaite des droits et de l'office de l'État. La forme idéale de l'État, c'est la monarchie. Il est besoin que l'État se contracte, se ramasse et se personnifie dans un prince qu'on peut aimer, personnellement, qu'on peut adorer, ce qui est précisément ce qu'il faut. Ces grands États ne seront vraiment grands que s'ils ont une très forte cohésion ; il faut donc qu'ils soient, comme on dit, des nationalités, c'est-à-dire que, par communauté de race, de religion, de mœurs, de langue, etc., ils soient intérieurement très unis et très homogènes. L'*idée* à réaliser par un État ne peut l'être que s'il y a dans le peuple qui le constitue une suffisante communauté d'idées. Cependant le grand État pourra et même devra conquérir et s'annexer les petits pour devenir plus fort et plus capable, étant plus fort, de réaliser l'*idée*. Seulement il ne devra le faire que quand il sera certain ou très apparent qu'il représente une idée en face d'un peuple qui n'en représente pas, ou qu'il représente une idée meilleure, plus grande et plus belle que celle que représente le peuple qu'il attaque.

Mais — car chaque peuple trouvera toujours son idée plus belle que celle de l'autre — à quoi cela se reconnaîtra-t-il ? — A la victoire même. C'est la victoire qui prouve qu'un peuple… — Était plus fort qu'un autre ! — Non pas seulement plus fort matériellement, mais représentant une idée plus grande, plus viable et plus féconde qu'une autre ; car c'est précisément l'idée qui soutient le peuple et le rend fort. Par ainsi la victoire est le signe de la supériorité morale d'un

La guerre

peuple et par conséquent la force indique où est le droit et se confond avec le droit même et il ne faut pas dire, comme on l'a peut-être déjà dit : « La force prime le droit » mais « la force *est* le droit », ou « le droit c'est la force ».

Par exemple [aurait pu dire Hegel] la France était *apparemment* dans son droit en essayant de conquérir l'Europe de 1792 à 1815 ; car elle représentait une idée, l'idée révolutionnaire, qu'elle pouvait considérer et que beaucoup de non Français considéraient comme un progrès et une idée civilisatrice ; mais elle a été vaincue, *ce qui prouve* que l'idée était fausse et avant cette démonstration par l'événement n'est-il pas vrai que l'idée républicaine ou césarienne est inférieure à l'idée de la monarchie traditionnelle ? Hegel aurait certainement sur ce point raisonné ainsi.

Donc la guerre est éternelle et il faut qu'elle le soit. Elle est l'histoire même, étant la condition de l'histoire ; elle est l'évolution même de l'humanité, étant la condition de cette évolution ; donc elle est divine. Seulement elle s'épure : on ne combattait autrefois, ou à bien peu près, que par ambition, maintenant on combat par les principes, pour faire triompher une idée qui a de l'avenir et qui contient l'avenir, sur une idée périmée, vieillie et caduque. L'avenir verra une succession de triomphes de la force qui seront par définition des triomphes du droit et qui seront des triomphes d'idées de plus en plus belles sur des idées barbares et condamnées justement à périr.

Hegel a eu une grande influence sur les idées

de politique intérieure et de politique extérieure du peuple allemand.

Les idées de Hegel sur l'art, la science, la religion sont les suivantes. A l'abri de l'État qui leur est nécessaire pour qu'ils se développent en paix, en sécurité et en liberté, les sciences, les lettres, l'art, la religion poursuivent des fins, non pas supérieures à celles de l'Etat, mais autres que celles de l'État. Ils cherchent, sans détacher l'individu de la société, à l'unir au monde entier. Les sciences lui font connaître ce qu'elles peuvent de la nature et de ses lois ; les lettres, en étudiant l'homme en lui-même et dans ses relations avec le monde, le pénètrent du sentiment de la concordance possible de l'individu avec l'univers ; les arts lui font aimer la création en démêlant et en mettant en lumière et en relief tout ce qu'elle a de beau relativement à l'homme et tout ce qui, par conséquent, doit la lui rendre aimable et respectable et chère ; la religion, enfin, cherche à être un lien entre tous les hommes et un lien entre tous les hommes et Dieu ; elle esquisse le plan de la fraternité universelle qui est comme l'état dernier, idéalement, de l'humanité, état sans doute qu'elle n'atteindra jamais, mais qu'il est essentiel qu'elle imagine et qu'elle croie possible, sans quoi elle serait toujours attirée vers l'animalité plus et beaucoup plus qu'elle ne l'est.

La philosophie hegelienne a eu non seulement sur les études philosophiques, mais sur l'histoire, sur la littérature, sur l'art, une influence immense dans toute l'Europe. On peut la considérer comme le dernier *système universel* et comme le plus hardi qui ait été tenté par l'esprit humain.

Art, Science et Religion

(149)

Schopenhauer fut le philosophe de la volonté. Persuadé, comme Leibniz, que l'homme est un abrégé et une image du monde et que le monde nous ressemble, ce qui est hypothétique, il reprend la pensée de Leibniz, en la changeant, en la métamorphosant ainsi : Tout l'univers n'est pas pensée, mais tout l'univers est volonté ; la pensée n'est qu'un accident de la volonté qui apparaît dans les animaux supérieurs ; mais la volonté, qui est le fond de l'homme est le fond de tout ; l'univers est un composé de volontés qui agissent. Tous les êtres sont des volontés qui détiennent des organes conformes à leur dessein. C'est le *vouloir être* qui a donné des griffes au lion, des défenses au sanglier, et l'intelligence à l'homme parce qu'il était le plus désarmé des animaux, comme à quelqu'un qui devient aveugle, elle donne une ouïe, un flair, un odorat et un toucher extraordinairement sensibles et puissants. Les végétaux font effort vers la lumière par leur cime et vers l'humidité par leurs racines ; le grain se retourne dans la terre pour jeter sa tige vers le haut et sa radicelle par le bas. Dans les minéraux il y a des *tendances constantes* qui ne sont pas autre chose que des volontés obscures ; ce que nous appelons couramment pesanteur, fluidité, impénétrabilité, électricité, affinités chimiques, n'est pas autre chose que volontés naturelles ou volontés inconscientes. A cause de cela, les diverses volontés se contrariant les unes les autres et se heurtant, le monde est une guerre de tous contre tous et de *tout*, exactement, contre *tout* ; et le monde est un théâtre de carnage.

C'est que la volonté est un mal et est le mal.

Ce qu'il faudrait, pour être heureux, c'est tuer la volonté, détruire le vouloir être. — Mais ce serait n'être plus? — Et c'est en effet n'être plus ou n'être pas qui est le bonheur vrai et il faudrait faire sauter le monde dans une explosion pour qu'il échappât au malheur. Tout au moins, comme le bouddhisme l'a voulu et même, quoique moins, le christianisme, il faut se rapprocher de la mort par une sorte de réduction au minimum possible de volonté, par un détachement et un renoncement poussés aussi loin qu'on le pourra.

Elève très respectueux, mais très indépendant et très indocile, de Schopenhauer, Nietzsche *retourne* pour ainsi parler Schopenhauer, disant : Oui certes, le vouloir être est tout ; mais précisément à cause de cela, il faut, non pas le combattre, mais le suivre, et le suivre aussi loin qu'il veut nous mener. — Mais n'est-il pas vrai qu'il nous mène à la souffrance? — N'en doutez point ; mais il y a dans la souffrance une ivresse de la douleur qui se comprend très bien ; car elle est l'ivresse de la volonté en acte ; et cette ivresse est une jouissance encore et en tout cas elle est un bien ; car elle est le but même où notre nature, toute faite de volonté et d'avidité d'être, nous pousse. Or la sagesse comme le bonheur est de suivre sa nature. Le bonheur et la sagesse de l'homme est d'obéir à sa volonté de puissance comme la sagesse et le bonheur de l'eau est de couler vers la mer.

De ces idées dérive une morale de violence que l'on peut très légitimement considérer comme immorale et en tout cas qui n'est ni bouddhiste, ni chrétienne, mais qui est susceptible de plusieurs

Nietzsche

(151)

interprétations, d'autant plus que Nietzsche, qui est un poète, ne laisse pas, toujours très beau comme artiste, de donner dans d'assez nombreuses contradictions.

CHAPITRE VIII

DIX-NEUVIÈME SIÈCLE : ANGLETERRE

LES DOCTRINES DE L'ÉVOLUTIONNISME ET DU TRANSFORMISME : LAMARCK (FRANÇAIS), DARWIN SPENCER

LA grande invention philosophique des Anglais au XIXe siècle a été cette idée, appuyée sur une grande connaissance de l'histoire naturelle, qu'il n'y a pas de création. Les espèces animales ont été considérées par tous les philosophes (excepté Épicure et les épicuriens), comme ayant été créées une fois pour toutes et pour rester invariables. Il n'en est rien. La matière éternellement féconde s'est transformée elle-même d'abord en végétaux, puis en animaux inférieurs, puis en animaux supérieurs, puis en homme; notre ancêtre est le poisson; en remontant encore, notre ancêtre est le végétal. Transformation (de là le nom de *transformisme*), discrimination et séparation des espèces; les individus les plus forts de chaque genre survivant seuls et créant des descendants à leur image qui constituent une espèce; évolution (de là le nom d'*évolutionnisme*) de la nature vivante, opérant ainsi, des types les plus grossiers jusqu'aux types les plus élevés et c'est-à-dire les plus compliqués;

Lamarck
Darwin
Spencer

il n'y a que cela dans le monde. Le Français Lamarck au XVIIIe siècle avait eu déjà cette idée ; Darwin, purement naturaliste, la mit en pleine lumière, Spencer l'exposa à nouveau et en tira des conséquences de philosophie générale. C'est ainsi que pour Spencer, la théorie évolutionniste ne contient aucune immoralité. Tout au contraire la transformation progressive de l'espèce humaine est une ascension vers la moralité ; de l'égoïsme naît l'altruisme parce que l'espèce cherchant sa meilleure loi, sa meilleure condition de bonheur s'aperçoit qu'un plus grand bonheur est dans l'altruisme ; cherchant sa meilleure loi et sa meilleure condition de bonheur, s'aperçoit qu'un plus grand bonheur est dans l'ordre, la vie régulière, la vie civile, la vie sociale, etc. ; de sorte que l'humanité s'élève vers une moralité de plus en plus haute, par le seul fait de s'adapter mieux aux conditions de vie de l'humanité. La moralité se développe comme physiologiquement, comme le germe devient tige et le bouton devient fleur.

Quant à la religion, c'est le domaine de l'inconnaissable. Ce n'est pas à dire qu'elle ne soit rien. Elle est au contraire quelque chose de formidable et d'immense. Elle est le sentiment que quelque chose, au delà de tout ce que nous connaissons, nous dépasse et que nous ne le connaîtrons jamais. Or ce sentiment à la fois nous maintient dans une humilité très favorable à la santé de l'âme et dans une confiance sereine dans l'être de mystère qui préside à l'évolution universelle et qui, sans doute, en est l'âme toute-puissante et éternelle.

CHAPITRE IX

DIX-NEUVIÈME SIÈCLE : FRANCE

L'ÉCOLE ÉCLECTIQUE : VICTOR COUSIN
L'ÉCOLE POSITIVISTE : AUGUSTE COMTE
L'ÉCOLE KANTISTE : RENOUVIER
POSITIVISTES INDÉPENDANTS ET COMPLEXES
TAINE, RENAN

Laromiguière
Royer-
Collard

Au sortir de l'école de Condillac, la France connut Laromiguière qui était une sorte de Condillac adouci, moins tranchant et sur qui l'influence de Rousseau n'avait pas été insensible ; mais il n'était guère qu'un professeur de philosophie clair et élégant. Royer-Collard introduisit en France la philosophie écossaise (Thomas Reid, Dugald Stewart) et n'en sortit point, et ne la dépassa pas ; mais il l'exposait avec une magnifique autorité, et avec une invention remarquable de formules nettes et magistrales.

Maine
de Biran

Maine de Biran fut un rénovateur. Il se rattacha à Descartes et renoua la chaîne, depuis si longtemps interrompue. Il attacha son attention à la notion du *moi*. En pleine réaction contre le *sensualisme* de Condillac, il restitua au *moi* une activité propre ; il en fit une force qui ne se borne pas à recevoir les sensations, lesquelles se transforment d'elle-même, mais qui les saisit, les

(155)

élabore, les enchaîne, les combine. Pour lui, donc, comme pour Descartes, mais à un point de vue nouveau, le fait volontaire est le fait primitif de l'âme, et la volonté est le fond de l'homme. Du reste la volonté n'est pas tout l'homme; l'homme a pour ainsi dire trois vies superposées, du reste très étroitement unies entre elles et qui ne peuvent pas se passer l'une de l'autre : la vie de sensation, la vie de volonté et la vie d'amour. La vie de sensation est presque passive, avec un commencement d'activité qui consiste à classer et à organiser les sensations; la vie de volonté est proprement la vie « humaine »; la vie d'amour est la vie d'activité et de volonté encore, mais qui unit la vie humaine à la vie divine. Par la subtilité ingénieuse et profonde de ses analyses Maine de Biran s'est placé au premier rang des penseurs français et, en tout cas, c'est un des plus originaux.

Victor Cousin et ses disciples

Victor Cousin, qui subit presque concurremment, ce semble, les influences de Maine de Biran, de Royer-Collard et de la philosophie allemande, céda très vite à une tendance qui est très française, qui du reste est peut-être bonne et qui consiste à voir « quelque chose de bon dans toutes les opinions » et il fut éclectique, c'est-à-dire emprunteur. Sa maxime, qu'il avait sans doute lue dans Leibniz était que les systèmes sont « vrais par ce qu'ils affirment et faux par ce qu'ils nient ». Partant de là, il s'appuyait sur la philosophie anglaise et sur la philosophie allemande en corrigeant l'une par l'autre. Personnellement sa tendance était de faire sortir la métaphysique de la psychologie et de prouver Dieu par l'âme humaine, et les rapports de Dieu avec le monde par les rapports de l'âme humaine avec la matière. Chez lui, Dieu est toujours une âme humaine agrandie. Toutes les philosophies, du reste, et toutes les religions ont un peu le penchant à considérer les choses ainsi ; mais cette tendance est chez Cousin plus particulièrement sensible. Au cours de sa vie qui fut diverse, et tantôt celle d'un professeur tantôt celle d'un homme d'État, il varia un peu et avant 1830, il devenait très hegelien et après 1830 il remontait vers Descartes, s'attachant surtout à faire de l'enseignement philosophique un sacerdoce moral, très prudent, très sensé, en grande défiance des témérités inattaquables et en rapports sympathiques avec l'autre. Ce qui est resté de l'éclectisme c'est une chose excellente, le grand souci de l'*histoire* de la philosophie, qui n'avait jamais été en honneur en France et qui, depuis Cousin, n'a pas cessé d'y être.

Les principaux disciples de Cousin ont été Jouffroy, Damiron, Emile Saisset et le grand moraliste Jules Simon, connu du reste par l'important rôle politique qu'il a joué.

Lamennais longtemps célèbre par son grand livre : *Essai sur l'indifférence en matière de religion*, puis, quand il eut rompu avec Rome, par ses *Paroles d'un croyant* et autres livres d'esprit révolutionnaire est surtout un publiciste ; mais il a été un philosophe proprement dit dans l'*Esquisse d'une philosophie*. Pour lui, Dieu n'est ni le créateur, comme l'entendaient les premiers chrétiens, ni l'être d'où émane le monde, comme d'autres l'ont pensé. Il n'a pas créé le monde *de rien* ;

Lamennais

mais il l'a créé ; il l'a créé de lui-même, il l'a fait sortir de sa substance : et il l'en a fait sortir par un acte purement volontaire. Or il l'a créé à son image ; ce n'est pas l'homme seul qui est à l'image de Dieu, c'est le monde entier. Les trois personnes de Dieu, c'est-à-dire ces trois caractères, la puissance, l'intelligence et l'amour, se retrouvent, amoindries et défigurées, mais se retrouvent dans chaque être de l'univers. Ce sont, particulièrement nos trois puissances à nous, sous forme de volonté, raison, sympathie ; ce sont aussi les trois puissances sociales, sous forme de pouvoir exécutif, délibération et fraternité. Tout être individuel ou collectif, qui ne reproduit pas, imparfaitement, mais tous les trois sans qu'il en manque un, les trois termes de cette trinité a en lui un principe de mort.

Auguste Comte

Auguste Comte, mathématicien, versé du reste dans toutes les sciences, a construit une philosophie surtout négative, malgré sa grande prétention qui était de remplacer les négations du xviiiᵉ siècle par une doctrine positive ; il a surtout dénié toute autorité et dénié le droit d'être à la métaphysique. La métaphysique ne doit pas exister, n'existe pas, du reste, est un pur rien. Nous ne connaissons rien, nous ne pouvons rien connaître ni du commencement ni de la fin des choses, ni de leur essence, ni de leur but ; la philosophie s'est toujours proposé une explication générale de l'univers ; c'est précisément cette explication générale, toute explication générale de l'ensemble des choses, qui est impossible. Voilà la partie négative du *positivisme*. C'est la seule qui ait subsisté et qui soit le *credo* ou plutôt le *non credo* d'un assez grand nombre d'esprits.

La partie affirmative des idées de Comte était celle-ci : ce qu'on peut faire, c'est une classification des sciences et une philosophie de l'histoire. La classification des sciences selon Comte, allant du plus simple au plus composé et c'est-à-dire de la mathématique à l'astronomie, la physique, la chimie, la biologie pour aboutir à la sociologie, est généralement considérée par les savants comme intéressante, mais arbitraire. La philosophie de l'histoire selon Comte est celle-ci : l'humanité passe par trois états : l'état théologique, l'état métaphysique, l'état positif. L'État théologique (antiquité) consiste en ceci que l'homme explique tout par des miracles continus; l'état métaphysique (temps modernes) en ceci que l'homme explique tout par des idées qu'il continue encore de considérer un peu comme des êtres, par des abstractions, des entités, principe vital, attraction, gravitation, âme, faculté de l'âme, etc. L'état positif consiste en ceci que l'homme explique et expliquera surtout toutes choses ou plutôt se borne et se bornera à les constater par les liens qu'il verra qu'elles ont entre elles, liens qu'il se bornera à observer et puis à contrôler par l'expérimentation. Du reste il y a toujours quelque chose de l'état suivant dans l'état qui précède et les anciens n'ont pas ignoré l'observation et il y a toujours quelque chose de l'état précédent dans l'état qui suit et nous avons encore des habitudes d'esprit théologiques et des habitudes d'esprit métaphysiques, des *résidus* théologiques et métaphysiques et peut-être en sera-t-il toujours ainsi : mais que la théologie décline au moins devant la métaphysique et la métaphysique devant la science, c'est le progrès.

D'abondant, Comte dans la dernière partie de sa vie, comme pour donner raison à sa doctrine des résidus et pour en donner un exemple, a fondé une sorte de religion, une pseudo-religion, la religion de l'humanité. Il faut adorer l'humanité en sa lente ascension vers la perfection intellectuelle et vers la perfection morale (et par conséquent il faudrait adorer surtout l'humanité à venir ; mais Comte pourrait répondre que l'humanité passée et présente est vénérable comme portant en son sein l'humanité à venir). Le culte de cette religion nouvelle est la commémoration et la vénération des morts. Ces dernières conceptions, fruits de la sensibilité et de l'imagination d'Auguste Comte, n'ont aucun rapport avec le fond de sa doctrine.

Renouvier

Après lui, par une réaction vigoureuse, Renouvier restaura la philosophie de Kant en la dépouillant du caractère trop symétrique, trop minutieusement systématique, trop scolastique en un mot qu'elle avait et en la rapprochant des faits et de lui devait sortir cette doctrine que nous avons signalée déjà, le « pragmatisme », qui mesure la vérité de toute idée à la conséquence morale qu'elle contient.

Taine

Très différent et se rattachant aux idées générales de Comte, Hippolyte Taine ne croyait qu'à l'observé, à l'expérimenté et au démontré ; mais, aussi familier avec Hegel qu'avec Comte, Spencer et Condillac, il ne doutait pas que le besoin de se dépasser et de s'évader de soi-même ne fût, lui aussi, un fait, un fait humain et éternel dans l'humanité et de ce fait il tenait compte, comme d'un fait observé et expérimenté, pour dire que si l'homme, d'une part est un « gorille féroce et lubrique », d'autre part il est un animal mystique et que

> D'une double nature hymen mystérieux,

comme dit Hugo, cela explique toutes les bassesses, en idées et en actes, comme aussi toutes les sublimités, en idées et en actes, de l'humanité. Personnellement il était stoïcien et sa pratique était le développement continu de l'intelligence considéré comme condition et comme garantie de la moralité.

Renan, destiné à l'état ecclésiastique et de son éducation cléricale ayant toujours conservé une profonde empreinte, était cependant positiviste et ne croyait qu'à la science, en espérant tout d'elle dans sa première jeunesse et en continuant au moins, dans son âge mûr, de la vénérer. Ainsi formé et « positiviste chrétien » comme on a dit, et poète, par-dessus tout, il ne pouvait pas proscrire la métaphysique et il avait pour elle un faible qu'il se reprochait peut-être. Il se tirait de cette difficulté en disant que toutes les conceptions métaphysiques ne sont que des « rêves »; mais, couvert, pour ainsi parler, par cette concession faite et cette précaution prise, il se jetait dans le rêve de tout son cœur et reconstituait Dieu, l'âme immortelle, la vie future, l'éternité, la création en leur donnant des noms nouveaux, imprévus et fascinateurs. Il n'y avait que l'idée

Renan

de la Providence, c'est-à-dire de l'intervention particulière et circonstancielle de Dieu dans les choses humaines qui lui fût insupportable et contre laquelle il protestât toujours, répétant le mot de Malebranche : « Dieu n'agit pas par des volontés particulières ». Et encore il a fait un compliment qui semble sincère à l'idée de la grâce et s'il y a une intervention particulière et circonstancielle de Dieu dans les affaires humaines c'est bien la grâce selon toute apparence.

Il était surtout un amateur d'idées, un dilettante en idées, jouant avec elles avec un plaisir infini, comme un sophiste grec supérieur, et personne, dans toute la philosophie française, plus que lui ne rappelle Platon.

C'était du reste une âme charmante, un caractère très élevé et un écrivain merveilleux.

Guyau

Marie-Joseph Guyau, par ses essais sur l'art au point de vue sociologique, par ses essais d'une morale sans obligations et sans sanctions, surtout par ses admirables qualités d'écrivain et de poète (tant en prose qu'en vers), a donné aux esprits une secousse salutaire et une orientation peut-être juste, en tout cas très séduisante.

Aujourd'hui

Les philosophes français vivants, que nous nous bornerons à nommer parce qu'ils sont vivants et relèvent de la critique au jour le jour et non de l'histoire sont MM. Fouillée, Théodule Ribot, Liard, Durckheim, Izoulet, Bergson.

L'avenir de la philosophie

Il est impossible de savoir dans quel sens la philosophie va se diriger. L'histoire sommaire que nous en avons tracée montre assez, ce nous semble, qu'elle n'a aucunement une marche régulière et telle, qu'à voir comment elle a marché, on puisse conjecturer comment elle poursuivra sa route. Elle ne semble même nullement dépendre ou elle semble dépendre très peu, à telle ou telle date, de l'état général de la civilisation autour d'elle et même aux yeux de ceux qui croient à une philosophie de l'histoire, il n'y a pas, ce me semble, une philosophie de l'histoire de la philosophie. La seule chose que nous croyions pouvoir affirmer c'est que la philosophie existera toujours, comme répondant à un besoin de l'esprit humain et qu'elle sera toujours et un effort pour ramasser les découvertes scientifiques en quelques grandes idées générales et un effort aussi pour dépasser la science et chercher, comme elle pourra, le mot de l'énigme universelle, si bien que ni la philosophie proprement dite ni même la métaphysique ne disparaîtront jamais. La vie ne vaut, a dit Nietzsche, que comme instrument de la connaissance. Quelque avide que soit et que devienne, l'humanité de connaissances partielles, elle sera toujours passionnément et infatigablement curieuse de connaissance totale.

INDEX DES NOMS CITÉS

INDEX DES NOMS CITÉS

TABLE DES MATIÈRES

TABLE DES MATIÈRES

DEUXIÈME PARTIE
AU MOYEN AGE

CHAPITRE I
DU CINQUIÈME SIÈCLE AU TREIZIÈME
La philosophie n'est qu'un interprète du dogme.

TABLE DES MATIÈRES

www.ingramcontent.com/pod-product-compliance
Ingram Content Group UK Ltd.
Pitfield, Milton Keynes, MK11 3LW, UK
UKHW021930070726
13614UKWH00001B/349